전기공학 전공자를 위한

AutoCAD

윤 현 상 저

도서출판 상 학 당

머리말

AutoCAD는 전기, 기계, 건축, 토목 분야 등 산업 전반에 걸쳐 가장 많이 사용되는 Drawing Program이다. AutoCAD는 전기 분야는 기계나 건축 분야와 비교하면 활용이 충분히 이루어지지 않았으나 전기설비설계, 전기기기설계 등에 사용되고 있으며, 최근에는 전기설비 관련 설계, 견적 등의 작성에 특화된 AutoCAD 기반의 Elect-CAD와 같은 Package Program이 개발되어 활발히 사용되고 있다.

이 책은

첫째, 한 학기 분량에 맞게 AutoCAD의 기초를 잘 배울 수 있도록 구성하였으며, 향후 Elect-CAD를 배우는 데 충분한 기초와 도움이 되도록 하였다.

둘째, AutoCAD를 처음 접하는 전기공학 전공자들이 AutoCAD를 쉽게 익힐 수 있도록 다양한 환경설정 관련 기능과 그리기 명령어, 수정 명령어, TEXT 및 수치 입력 등을 단계별로 하나하나 따라 하며 익힐 수 있도록 하였다.

셋째, CAD 제도 관련 기초 지식과 국가표준 기준을 따로 제공하여 전기제도에 대해 익힐 수 있도록 하였다.

넷째, AutoCAD 명령어를 익힐 때 연관된 예제를 제공하여 혼자서도 충분히 익힐 수 있도록 하였다.

다섯째, AutoCAD와 관련된 교재들이 주로 기계 분야나 건축 분야에 관한 것이 대부분으로 이 책에서는 전기전자 분야의 Symbol과 회로도를 실습 예제로 제공하여 전기전공자들이 전기 제어나 설비 관련 지식도 함양할 수 있도록 하였다.

이 책이 AutoCAD를 익히고자 하는 전기전자 전공자들에게 좋은 길잡이가 되기를 바라는 마음이다.

저자 윤현상

차 례

제 1 장 전기제도의 기초 / 9

제 2 장 AutoCAD의 시작 / 23

제 3 장 그리기 / 41

제 4 장 수 정 / 95

제 1 장

전기제도의 기초

■ 관련 표준

KSB 7091 CAD 제도

KSA 0005 제도 통칙

KSA 0107 제도에 사용하는 문자

KSA 0109 제도에 사용하는 투상법

KSA 0111 제도에 있어서 도형의 표시 방법

KSA 0112 제도에 있어서 치수의 기입 방법

KSA 3007 제도 용어

ISO 7000 Graphical symbols for use on equipment index and synopsis

1. 도 면

1) 도면의 종류

- 용도

① 계획도 : 제품을 만들 때 설계자의 계획 정보를 나타내는 도면

② 제작도 : 제품을 만들 때 필요한 정보를 나타내는 도면

③ 주문도 : 발주자의 요구사항을 나타내는 도면

④ 상세도 : 제품의 한 부분을 확대하여 자세히 나타낸 도면

- 내용

① 조립도 : 제품 전체의 조립 상태를 표시하는 도면

② 부품도 : 제품을 구성하는 각 부품에 대한 상세한 부분을 표시한 도면

③ 배치도 : 제품 사용자에게 필요한 설치 위치 정보를 표시한 도면

2) 도면의 크기

① 긴 변이 길이가 짧은 변의 길이보다 약 1.4배 길다.

(세로 : 가로 = $1 : \sqrt{2}$)

② 가장 큰 용지 A0

(가로 : 세로 = 1189mm : 841mm, 넓이 $1m^2$)

③ 용지 크기별 : A0, A1, A2, A3, A4.

④ 긴 변을 반으로 접으면 다음 아래 규격의 용지가 된다.

[표 1] 도면 용지의 규격(단위 : mm)

호칭	A0	A1	A2	A3	A4	A5
규격	841×1189	594×841	420×594	297×420	210×297	148×210

■ B0 용지의 크기 : 1030×1456 ($1.5m^2$)

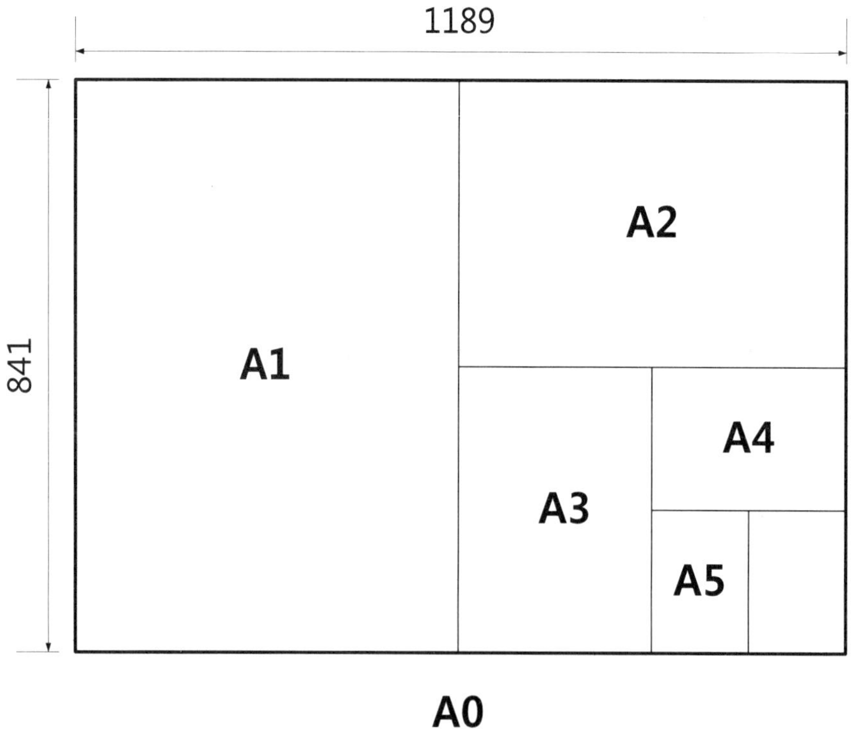

[그림 1] 도면 용지 크기(단위 : mm)

3) 도면의 척도

실제 물체 크기와 도면 크기의 비

물체는 크기는 제도 용지에 맞춰 나타냄

작은 부품은 크게, 큰 부품은 실물보다 작게 나타냄

① 종류

- 축척(contraction scale) : 실물보다 축소
- 현척(full scale) : 실물과 같은 크기
- 배척(enlarged scale) : 실물보다 크게 확대

② 표시 방법

- A : B = 도면에서 길이 : 물체의 실제 길이
- 축척 → 1 : B, 현척 → 1 : 1, 배척 → A : 1

[표 2] 척도의 종류

종 류	척 도
축 척	1:2 1:2.5 1:3 1:4 1:5 1:8 1:10 1:20 1:25 1:2 1:50 1:100 1:500 1:1000
실 척 (현 척)	1:1
배 척	2:1 5:1 10:1 20:1 50:1 100:1

③ 척도 도면 기입

- 도면 표제란에 기입
- 표제란이 없는 경우 : 도면의 품번 또는 도명 가까운 곳

에 기입

- 동일 도면에서 서로 다른 척도를 사용(혼용)하는 경우 : 그림 옆에 기입
- 도면의 그림의 형태와 치수가 비례하지 않을 때 : 치수에 밑줄을 그리거나 비례가 아니면 NS 문자를 기입

2. 선

1) 선의 종류

① 단속 형식에 따른 종류

- 실선 : 연속된 선
- 파선 : 선의 길이와 간격 비율 2:1
- 1점 쇄선 : 긴 선 길이와 긴 선의 간격과 짧은 선 길이의 비율 9:1:1
- 2점 쇄선 : 긴 선 길이와 간격과 짧은 선 길이와 간격 비율 15:1:1:1

※ 1점 쇄선, 2점 쇄선은 긴 선 요소로 시작하고 끝나도록 그림
파선, 1점 쇄선, 2점 쇄선이 다른 선과 교차 시 긴 선 요소가 교점

[표 3] 선의 종류(단속 형식)

종 류	모 양
실 선	굵은 실선 가는 실선
파 선	
1점 쇄선	
2점 쇄선	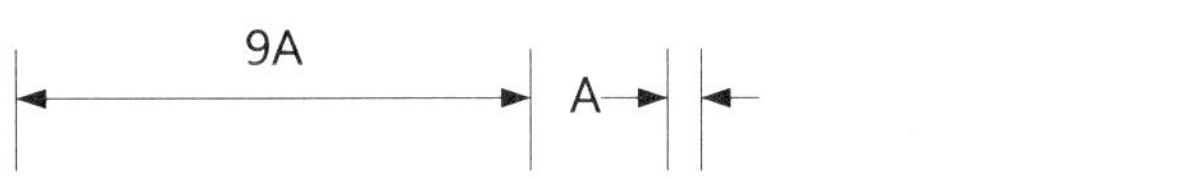

- 선의 기준(굵기)

0.18, 0.25, 0.35, 0.5, 0.7, 1, 1.4, 2[mm]

② 용도에 따른 종류

[표 4] 선의 종류(용도)

용 도		모 양
실 선	외형선	물체의 보이는 부분을 나타내는 선
	치수선	치수 기입 선
	치수 보조선 지시선	치수, 기호 등을 나타내기 위하여 끌어낸 선
	해칭	단면도의 절단면을 나타내는 선
	파단선	부분 생략 또는 부분 단면의 경계를 나타내는 선
파 선	숨은선	물체의 보이지 않는 부분의 모양을 나타내는 선
1점 쇄선	중심선	물체 및 도형의 중심을 나타내는 선
2점 쇄선	가상선	이동하는 부분의 이동 후의 위치를 가상하여 나타내는 선

- 해칭은 음영이 나타나도록 그려놓은 가는 실선이며, 단면을 나타내는 데 사용된다.
- 파단선은 물체의 파단한 경계나 일부를 떼어낸 경계와 단면 일부를 나타낼 때 사용되는 선이다.

2) 선의 굵기

- 선의 최소 굵기는 0.18mm이다.

[표 5] 선의 굵기 비율

선의 종류	굵기의 비율
가는 선	1
굵은 선	2.5
아주 굵은 선	5

3. 치 수

- 객체의 기하학적 값, 객체 간의 거리나 각도의 값을 나타내는 것이다,
- 치수는 객체의 크기나 모습을 정확히 알 수 있다.
- 치수는 객체의 크기, 정밀도, 가공방법, 순서 등도 기입한다.

1) 치수 구성

① 치수선, 치수 보조선, 치수 문자
② 치수선

- 치수선 화살표의 화살 끝 벌림 각도는 30°
- 화살표는 끝 벌림, 닫힘, 칠함 다 사용한다.
- 도면 설정(Limits)과 Dimscale 비율(예)
  Limits 12, 9 → Dimscale 1 이하
  Limits 120, 90 → Dimscale10 이하

③ 치수(문자, 그림 기호)는 정 투상도에서의 규정에 따라 기입하며, 치수선 바로 위 가운데 바르게 기입한다.

[그림 2] 치수선 구성

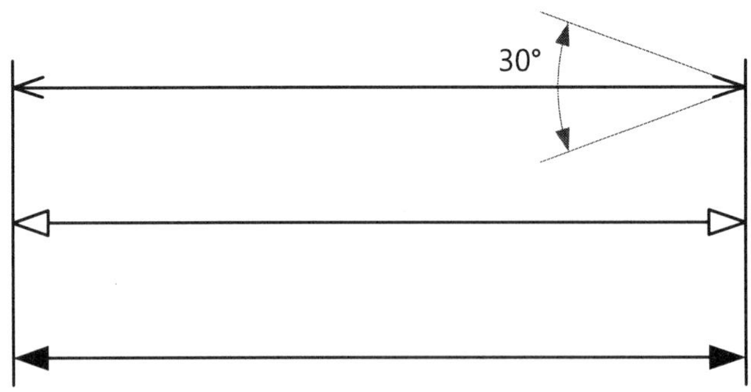

[그림 3] 치수선 화살표

2) 치수 기호

- 치수는 숫자 외에 기호를 함께 적는다.
- 기호는 치수 숫자 앞에 치수 숫자와 같은 크기로 그린다.
- 판의 두께는 판의 근처나 면에 두께 치수 숫자 앞에 t를 기입한다.

[표 6] 치수 기호

기 호	이 름	요 소
R	알	반지름
ϕ	파이	지름
□	사각	정사각형
구 R	구 알	구면 반지름
구 ϕ	구 파이	구면 지름
t	티	두께

3) 지시선(인출선)

- ISO 128-20에 따라 실선으로 그린다.
- 객체의 치수 기입 부분에 기입하지 못하는 경우 사용한다.
- 수평선에 대해 60°, 인출 측에 화살표, 다른 끝은 수평선

을 그리며 수평선 위쪽에 객체 사항을 기입한다.

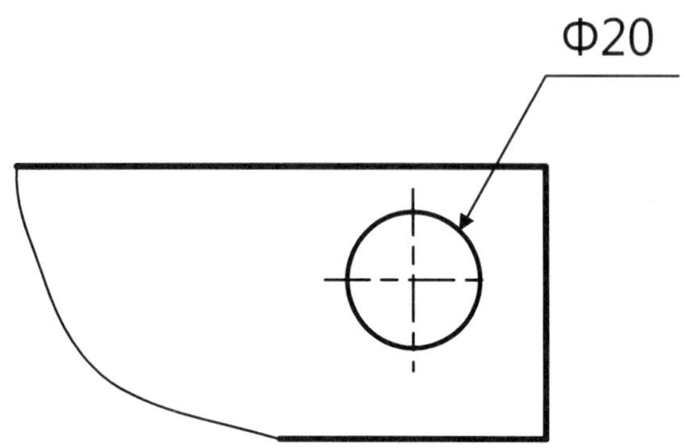

[그림 4] 지시선

4. CAD 제도에서 재질 패턴

① 단면을 표시하는 해칭부에서 객체를 구성하는 재질을 표현한다.

② 금속계 - 부품의 주가 되는 중심선 또는 단면도의 주가 되는 외형선에 대하여 각도 45°의 가는 선을 등 간격으로 표시한다.

③ 고분자계 - 0°와 90°교차선, 또는 그물코 모양을 등 간격의 가는 선

④ 세라믹계 - 가는 선 연속무늬로 표시한다.

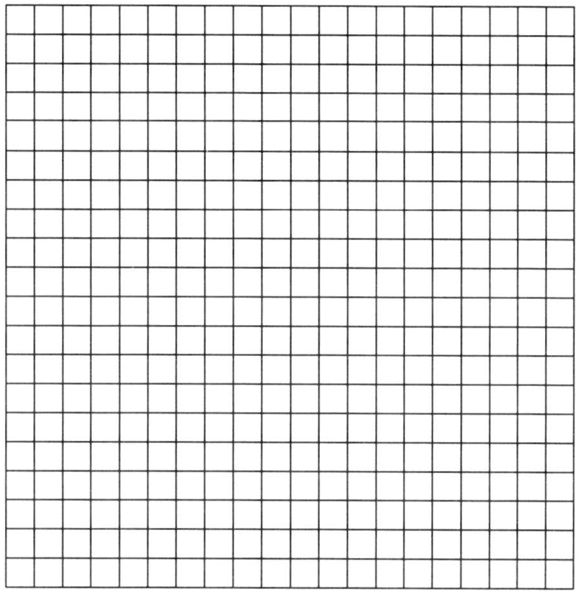

[그림 5] 세라믹계 해칭 단면

[그림 6] 금속계 해칭 단면

[그림 7] 고분자계 해칭 단면

제 2 장

AutoCAD의 시작

1. AutoCAD 실행

1) 실 행

- 바탕화면

  AutoCAD 아이콘 실행 / 🖱 - 마우스 입력

- 바탕화면

  ① 시작 Button / 🖱 → ② **AutoCAD 2017** / 🖱

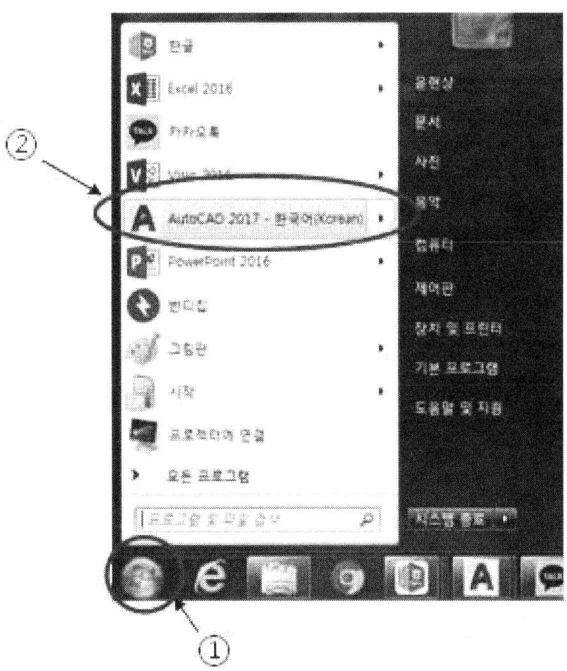

- 탐색기 → ① 로컬 디스크 (C:) → ② Progrm Files /

AutoCAD 2017 → ③ AutoCAD 2017.exe 응용프로그램 실행 (마우스 아이콘 - 마우스 입력)

• AutoCAD를 실행하면 다음과 같은 시작 화면이 열린다.

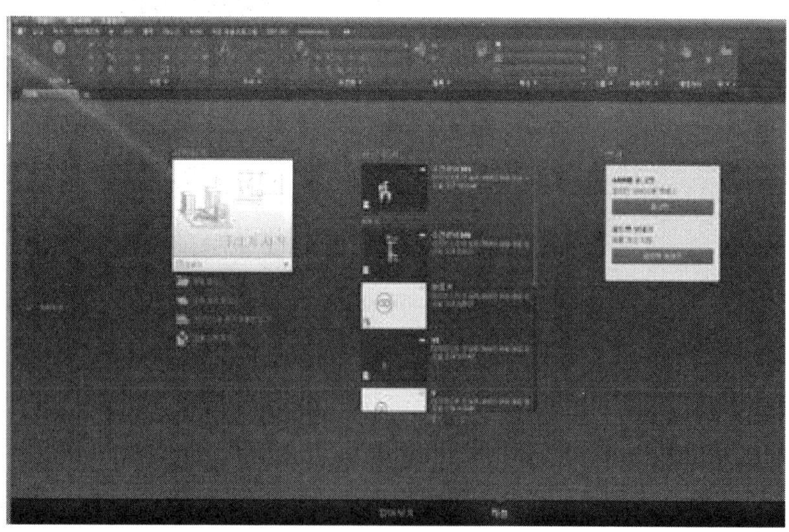

2. 도면 열기

1) 새 도면 - NEW

① 시작 화면

그리기 시작 버튼 click / 🖱 - 마우스 입력

② 시작 화면

- '시작 메뉴'에서 '새로 만들기' click / 🖱

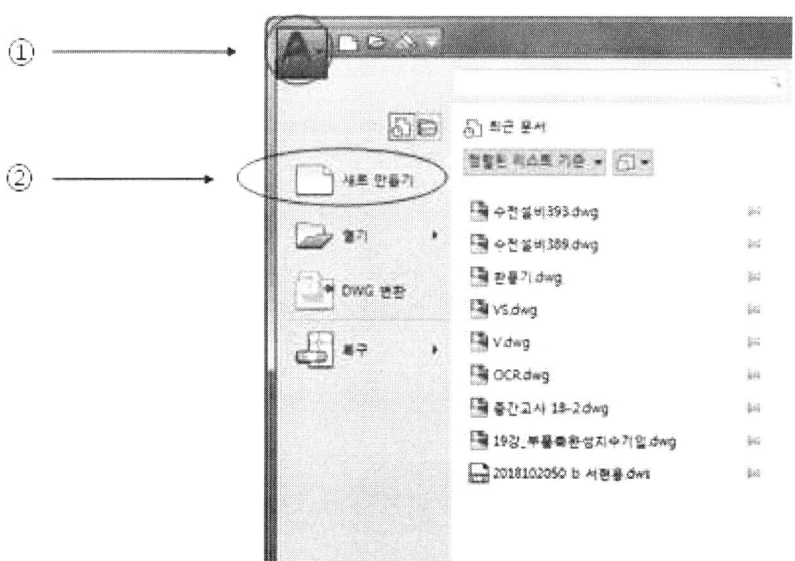

• 원하는 도면 템플릿 지정 / 🖰

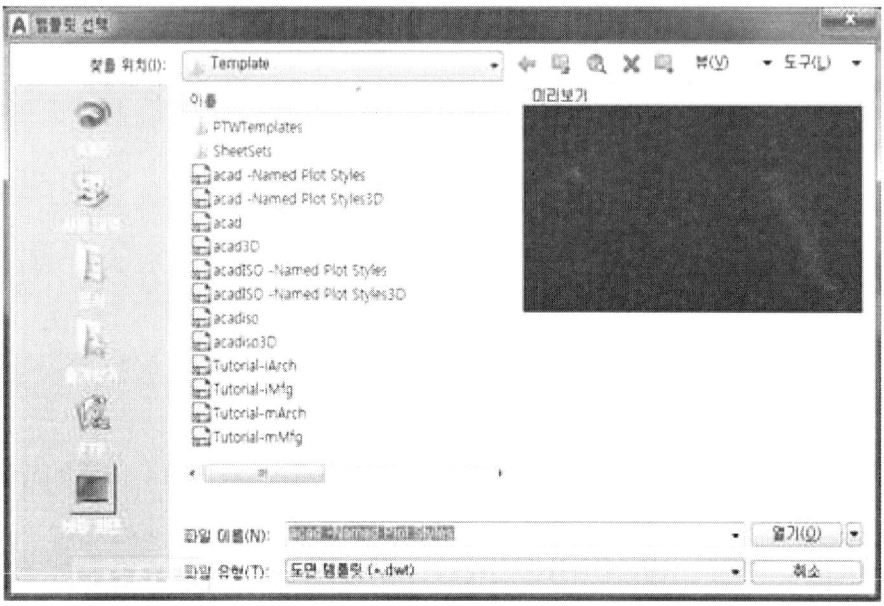

2) 기존 도면 열기 - OPEN

① 시작 화면 '신속접근 도구 막대'에서 '열기' click / 🖰

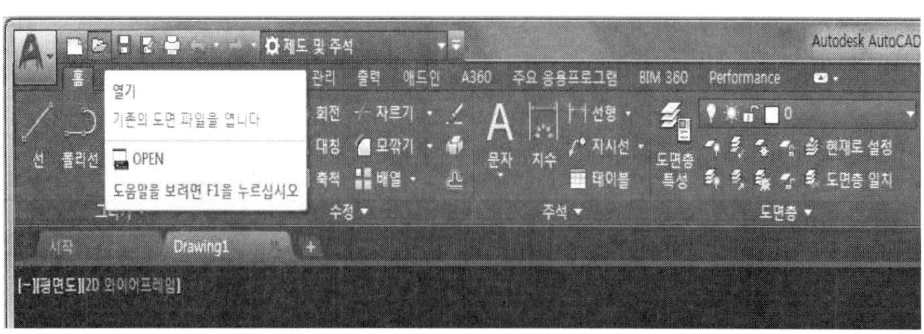

② 'OPEN(열기)' 명령을 사용하여 열기 명령 실행

- 명령 : OPEN / Enter↵ (⌨ - TEXT입력)

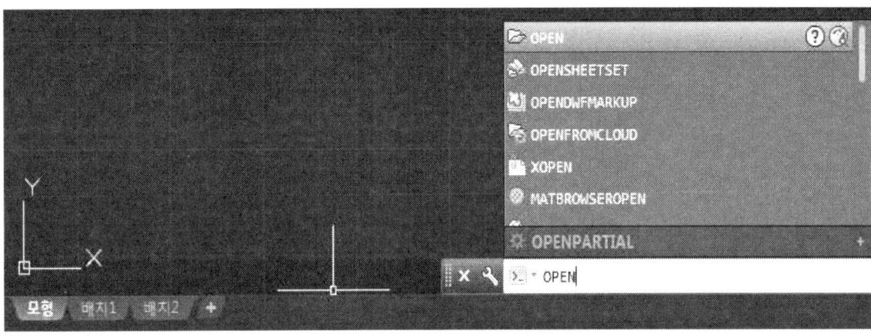

③ 파일 선택 대화상자에서 도면을 선택하면, 미리 보기가 나타나며 원하는 도면 파일을 선택한다.

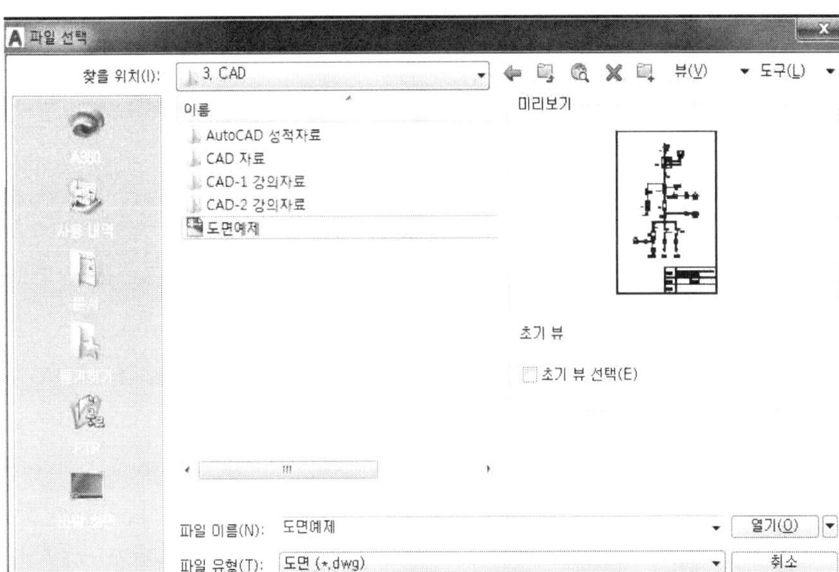

3. 저장하기

☞ 작업이 끝난 도면을 Computer에 파일로 저장한다.

1) Save, Qsave

- 이미 지정된 기본 파일 형식을 사용하여 현재 도면을 저장한다.
- 도면이 이름이 있는 경우 프로그램은 도면을 자동으로 저장하고 새 파일 이름을 요청하지 않는다.

① 신속접근 도구 막대

② 표준 도구 막대

③ 파일 메뉴

2) Save as

① 현재 도면의 복사본을 새 파일 이름으로 저장한다.

② 현재 도면의 기본 도면(DWG) 파일 형식으로 저장한다.

③ 표준 도구 막대

- '다른 이름으로 저장' click / 🖱

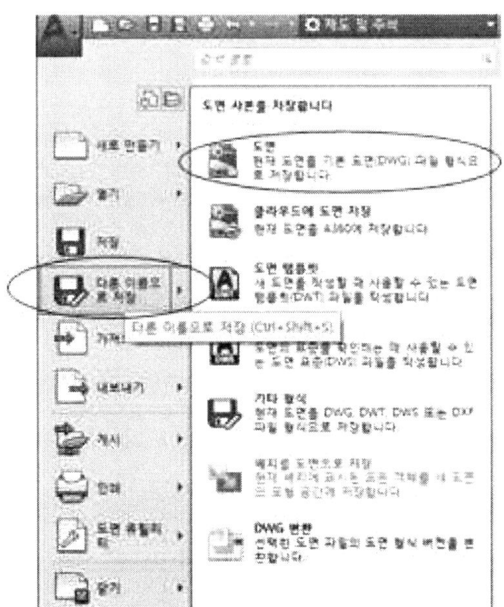

- '다른 이름으로 도면 저장' 대화상자에서 원하는 파일 이름 입력 후 저장한다.

4. 보조도구와 기능키

☞ 설계 작업이나 편집할 때 작업을 정확하게 할 수 있는 역할을 한다.

☞ 다른 명령을 사용하는 동안에 수시로 끄기/켜기를 할 수 있다.

1) 도면 단위

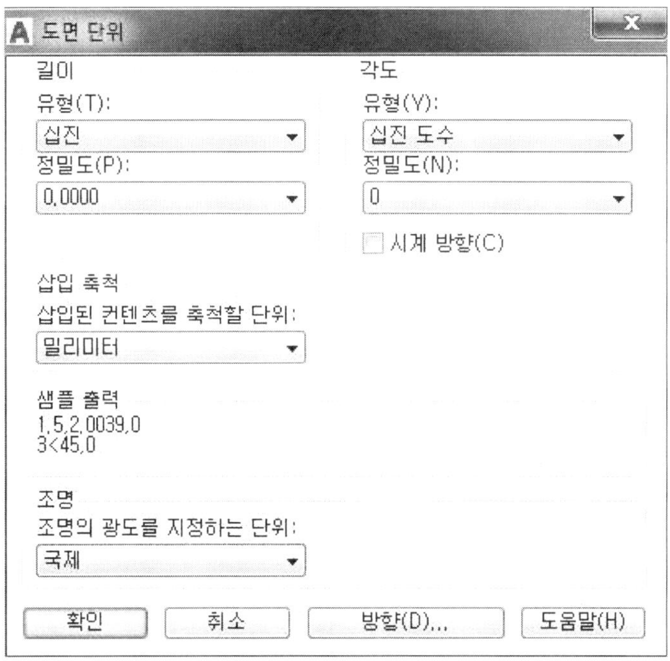

① 길이 유형 : 측정 단위의 현재 표시 형식을 설정한다.

② 정밀도 : 측정값에 표시되는 소수 자릿수 크기를 지정한다.

③ 각도 : 현재 각도 형식과 현재 각도 표시의 정밀도를 지정한다.

④ 유형 : 각도의 현재 표시 형식을 설정한다.

⑤ 정밀도 : 각도 표시에 대해 정밀도를 설정한다.

⑥ 각도 측정의 규칙이 사용된다.

- 십진 도수 : 십진수를 사용한다.
- 그래드 : 소문자 g 꼬리말을 사용한다.

• 라디안 : 소문자 r 꼬리말을 사용한다.
• 도/분/초 : d/‘'’/ ‘"’ 기호 사용한다.

2) 스냅(SNAP - Ctrl + B, F9)

커서의 움직임을 사용자가 지정한 값(간격)으로 제한하는 도구이다.

① 스냅 간격 두기

지정한 값으로 스냅 모드를 활성화한다.

② 켜기

스냅 그리드의 현재 설정을 기본값으로 사용하여 스냅 모드를 활성화한다.

③ 끄기

스냅 모드를 끄지만, 현재 설정을 유지한다.

④ 종횡비

스냅 그리드의 수평 간격과 수직 간격을 각각 지정한다.

⑤ X와 Y 방향의 간격을 다르게 지정합니다.

⑥ 기존

• ‘예’ - 기존 동작이 수행된다. 커서가 항상 스냅 그리드로 스냅된다.
• ‘아니오’ - 최신 동작이 수행된다. 작업 중일 때 커서가 스냅 그리드로 스냅 된다.

⑦ 표준

• 현재 UCS의 XY 평면에 평행하는 직사각형 스냅 그리드를 설정된다.

- X, Y 간격이 다를 수 있다.

⑧ 간격 두기
스냅 그리드의 전체적인 간격을 지정한다.

3) 그리드(GRID - Ctrl + G, F7)

① '도면 한계 범위(LIMITS)로 지정된 영역 위에 펼쳐져 있는 점 패턴이다.

② 모눈을 사용하는 것은 객체를 정렬하고 객체 사이를 측정하는 데 도움이 되며, 출력되지 않는다.

③ 거리 및 정렬을 시각화하며 UCS의 XY 평면 위에 표시되는 그리드 패턴이 표시된다.

④ 그리드 표시하고 그리드 간격 두기 설정하기

- 도구 메뉴 → 제도 설정을 클릭한다.
- '제도 설정' 대화상자의 '스냅 및 그리드 탭'에서 그리드 켜기를 클릭한다.
- '스냅 유형'에서 '그리드 스냅' 및 '직사각형 스냅'을 선택한다.
- 그리드 X 간격 두기 box에서 수평 그리드 간격 두기에 값을 입력한다.
- 수직 그리드 간격 두기도 X 간격과 같은 값을 사용 시 Enter키를 누른다.

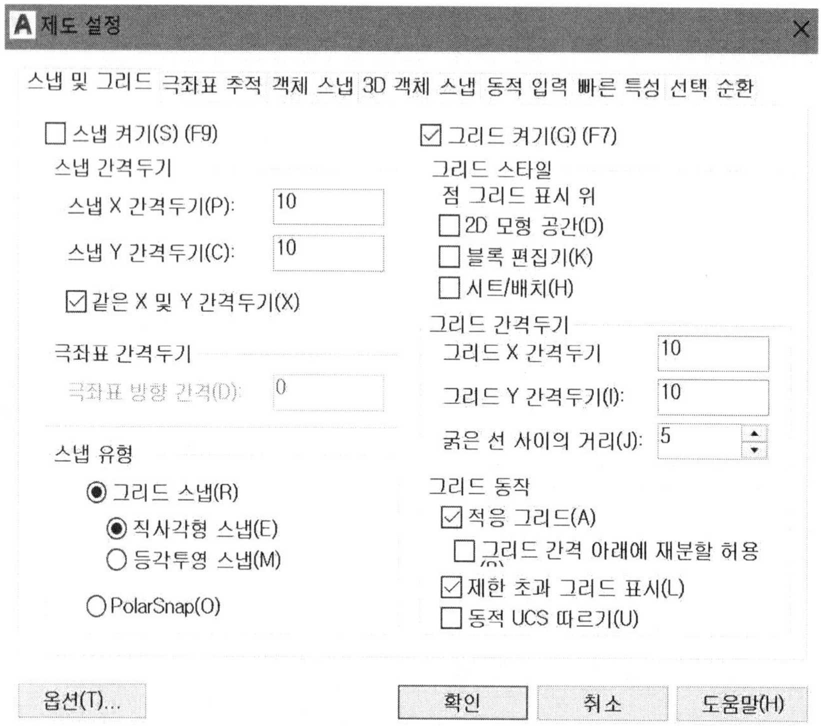

4) 직교 - 단축키 : F7, Ctrl + L

① 커서의 이동을 수직이나 수평 방향으로 제한한다.

② 직각 상태의 변화에 대해 정확하고 신속하게 작업할 수 있다.

③ 직교 모드를 사용한 선 그리기

점 1은 첫 번째 지정된 점이며 점 2는 두 번째 점이 지정될 때 커서의 위치이다.

◐ 직교 모드 끄기

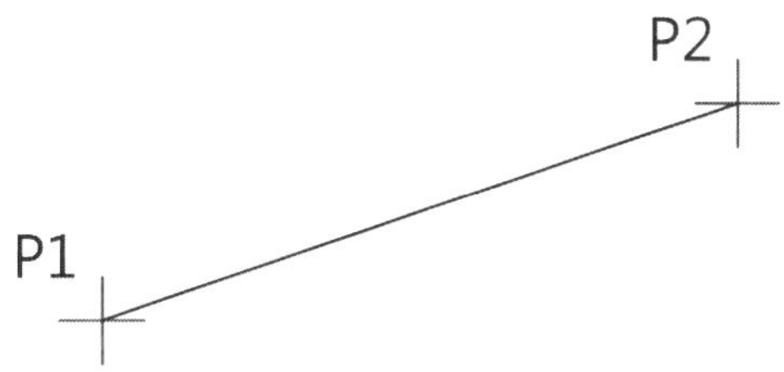

◐ 직교 모드 켜기

5. 명령 실행방법

☞ 명령을 입력함에 따라 명령 윈도우에 나타나는 내용을 확인 후 다음 명령을 진행한다.

1) 명령 실행방법

① 명령 윈도우에 TEXT로 명령 입력 또는 단축키로 입력

② 도구 막대 아이콘 사용하기

③ 메뉴의 명령 사용하기

④ 리본 메뉴의 명령 사용하기

2) 향상된 툴팁(Tool Tip) 기능

① 마우스 커서를 객체 위에 올렸을 때 객체에 대한 팁을 표시해 준다.

② 툴팁 설정

- 도구-옵션-화면 표시 탭에서 조정할 수 있다.
- 툴팁에 바로 가기 표시 : 표시 전 시간 설정

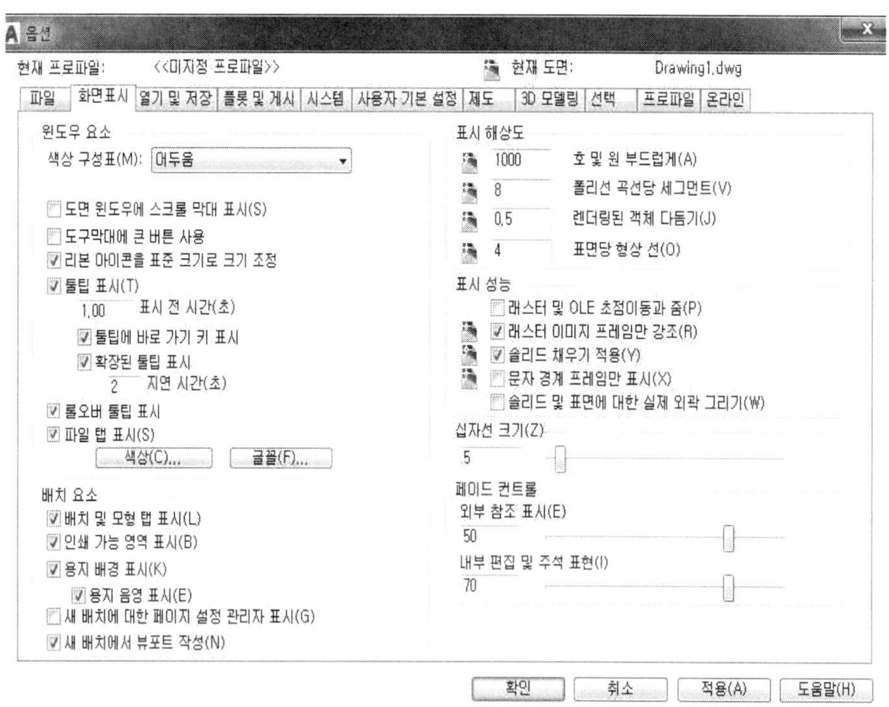

- 확장된 툴팁 표시 : 지연 시간 설정

• 툴팁 예

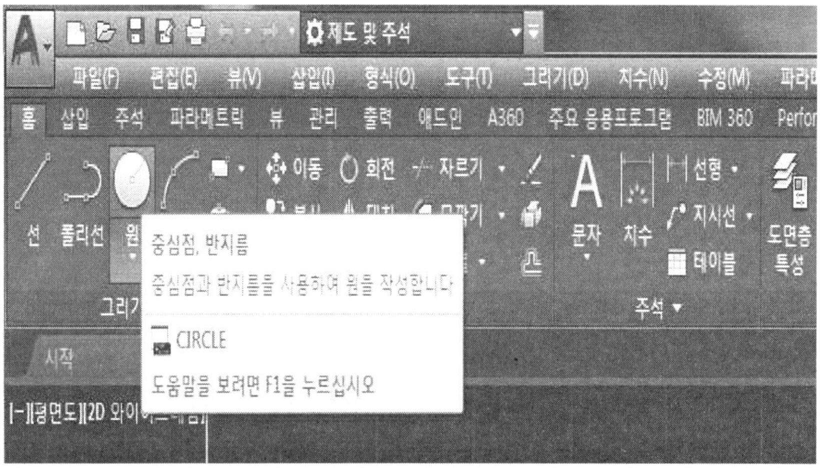

[그림 8] 툴팁

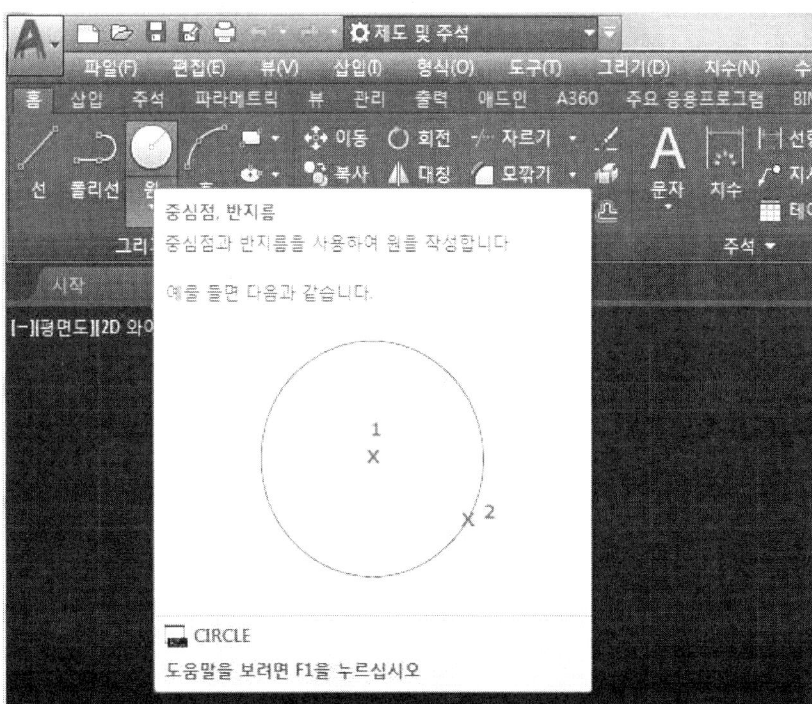

[그림 9] 확장된 툴팁

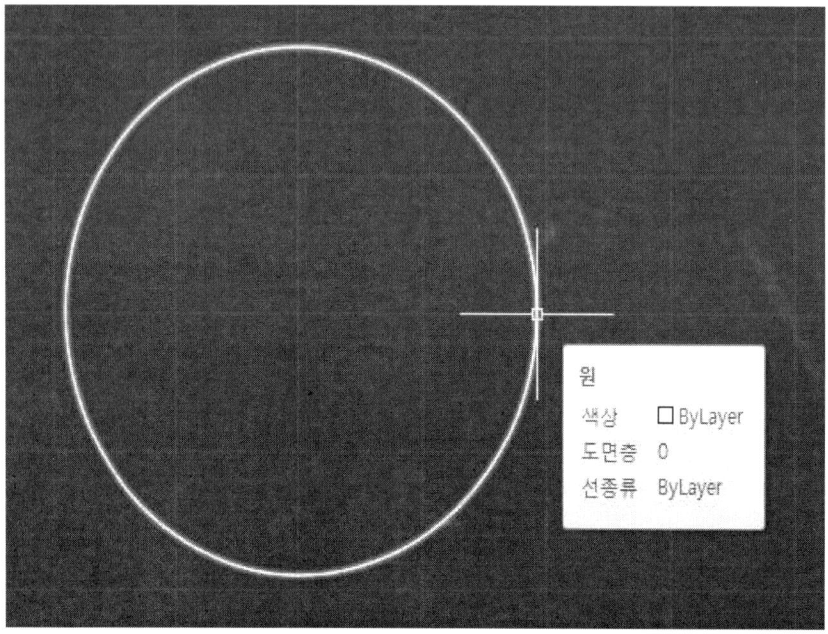

[그림 10] 롤오버 툴팁

제 3 장

그 리 기

1. 선 그리기

☞ 도면에 직선을 그릴 수 있다.

☞ 명령어는 'LINE'이며, 단축키는 'L'이다.

☞ 첫 번째 점을 지정하고 다음 점을 지정하면 두 점을 잇는 선이 그려진다.

☞ 선 그리기를 끝낼 때는 엔터키를 입력하거나 "C"를 입력한다.

1) 명령 실행 방법

- 명령 : LINE / Enter↵ (- TEXT입력)
- 메뉴 : 그리기 〉 선 / (마우스 입력)
- 리본 : 홈 탭 〉 그리기 패널 > 선 /

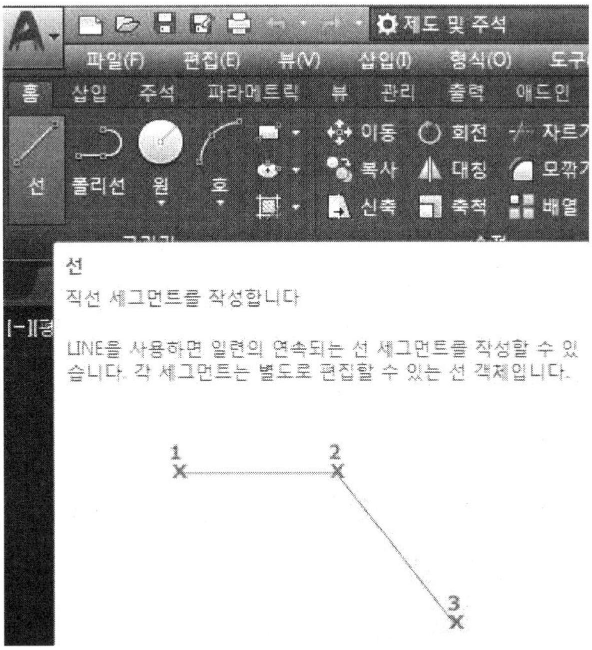

- 작업공간 – AutoCAD 클래식
- 파일 – 새로만들기 - 'acadiso.dwt' 를 선택한 후 열기
- 도면설정 – A3

  limits Enter↵

  왼쪽 아래 구석 지정 <0, 0> Enter↵

  오른쪽 위 구성 지정 <420,297> Enter↵
- 도면영역 화면 전체 보기

  zoom Enter↵ / w Enter↵

2) 절대 좌표 따라 하기

- 선 명령 실행 후 Enter↵

① line 첫 번째 점 지정 : 100, 100 Enter↵ - P1 지정

② 다음 점 지정 또는 [명령 취소(U)] : 300, 100 - P2 지정

③ 다음 점 지정 또는 [닫기(C)/[명령 취소(U)] : 300, 200 - P3 지정

④ 다음 점 지정 또는 [닫기(C)/[명령 취소(U)] : 100, 200 - P4 지정

⑤ 다음 점 지정 또는 [닫기(C)/[명령 취소(U)] : 100, 100 - P5 지정

⑥ 다음 점 지정 또는 [닫기(C)/[명령 취소(U)] : Enter↵ 또는 'C' Enter↵ 종료

3) 상대좌표 따라 하기

- 선 명령 실행 후
  ① line 첫 번째 점 지정 : 100, 100 Enter↵ - P1 지정
  ② 다음 점 지정 또는 [명령 취소(U)] : @200, 0 Enter↵ - P2 지정
  ③ 다음 점 지정 또는 [닫기(C)/[명령 취소(U)] : @0, 100 Enter↵ - P3 지정
  ④ 다음 점 지정 또는 [닫기(C)/[명령 취소(U)] : @-200, 0 Enter↵ - P4 지정
  ⑤ 다음 점 지정 또는 [닫기(C)/[명령 취소(U)] : @0, -100 Enter↵ - P5 지정
  ⑥ 다음 점 지정 또는 [닫기(C)/[명령 취소(U)] : Enter↵ 또는 "C" Enter↵ 종료

4) 상대 극좌표 따라 하기

- 선 명령 실행 후

  ① line 첫 번째 점 지정 : 100, 100 [Enter↵] - P1 지정

  ② 다음 점 지정 또는 [명령 취소(U)] : @100<90 [Enter↵] - P2 지정

  ③ 다음 점 지정 또는 [닫기(C)/[명령 취소(U)] : @100<0 [Enter↵] - P3 지정

  ④ 다음 점 지정 또는 [닫기(C)/[명령 취소(U)] : @50<270 [Enter↵] - P4 지정

  ⑤ 다음 점 지정 또는 [닫기(C)/[명령 취소(U)] : @100<70 [Enter↵] - P5 지정

  ⑥ 다음 점 지정 또는 [닫기(C)/[명령 취소(U)] : @100<290 [Enter↵] - P6 지정

  ⑦ 다음 점 지정 또는 [닫기(C)/[명령 취소(U)] : @50<-90 [Enter↵] - P7 지정

⑧ 다음 점 지정 또는 [닫기(C)/[명령 취소(U)] : @168.4<-90 Enter↵ - P8 지정

⑨ 다음 점 지정 또는 [닫기(C)/[명령 취소(U)] : Enter↵ 또는 "C" Enter↵ 종료

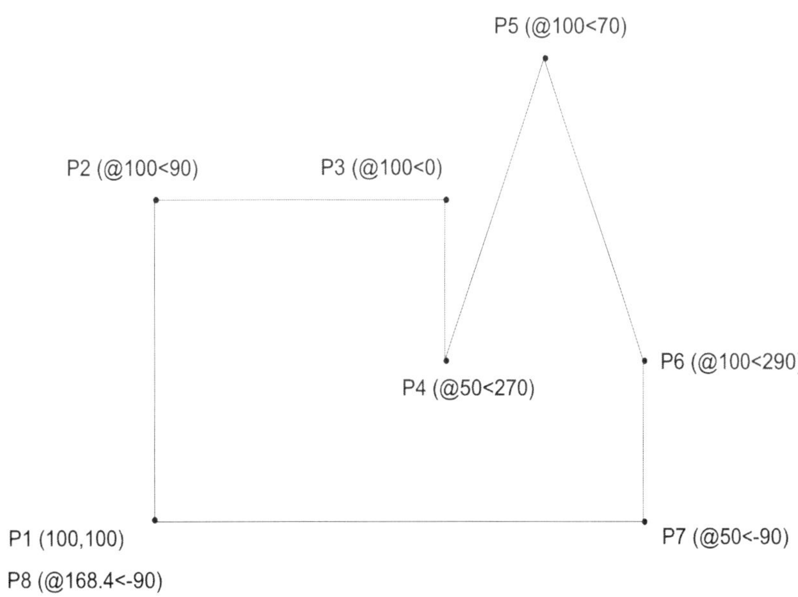

▼ LINE

- 작업공간 – AutoCAD 클래식
- 도면설정 – A3 / limits [Enter↵] 오른쪽 위 <420,297> [Enter↵]
- 절대좌표, 시작점 P1(100,100), Grid / 10, Snap / 10

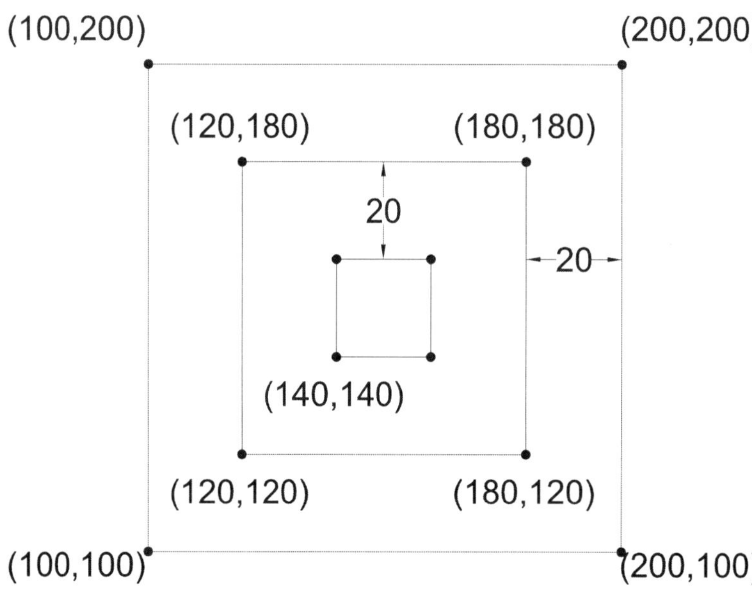

▼ LINE

- 상대좌표, 시작점 P1(100,100), Grid / 10, Snap / 10

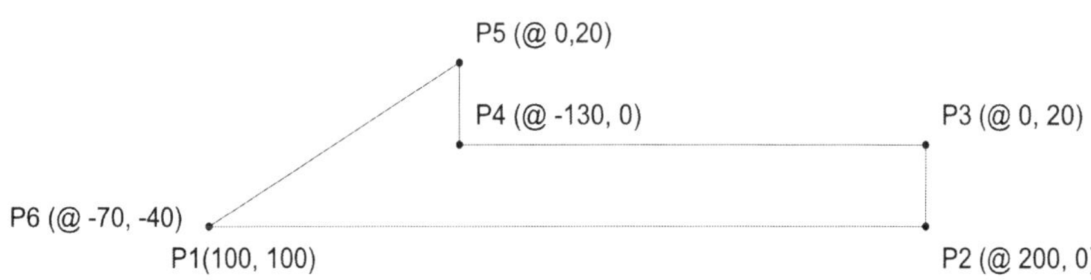

▼ LINE

- 상대 극좌표, 시작점 P1(100,100), Grid / 10, Snap / 10

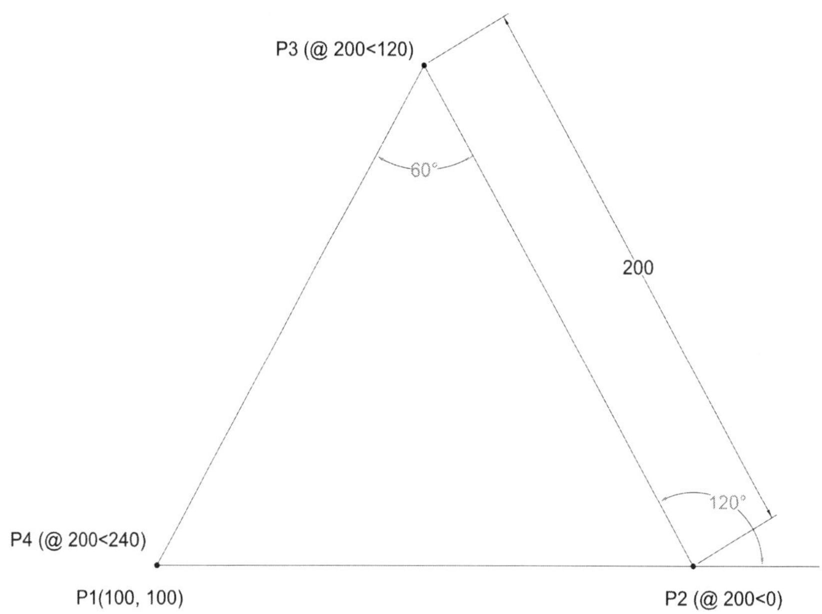

2. 원 그리기

☞ 도면에 원을 그릴 수 있다.

☞ 명령어는 'CIRCLE'이며, 단축키는 'C'이다.

☞ 방법은 원의 중심점, 지름, 접점(원주상) 등을 이용하여 크게 6가지이다.

1) 명령 실행방법

- 명령 : CIRCLE / Enter↵
- 메뉴 : 그리기 ❯ 원 / 🖱
- 리본 : 홈 탭 ❯ 그리기 패널 > 원 / 🖱

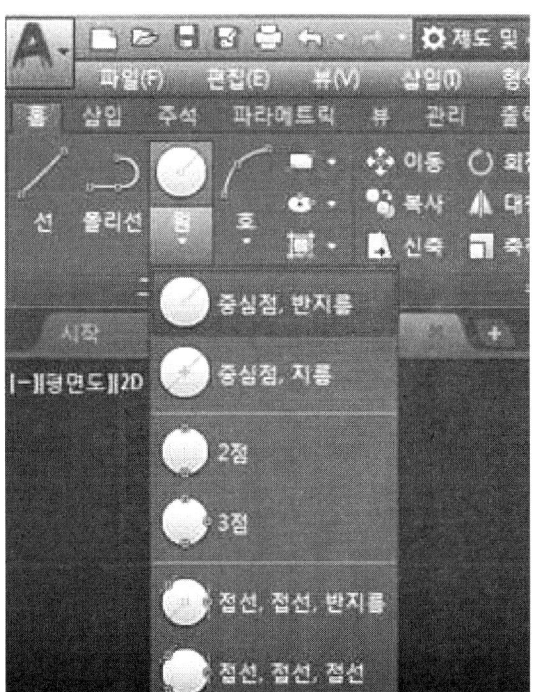

2) 중심점과 반지름을 이용한 원 그리기 따라하기

- 원 명령 실행 후 중심점 반지름 모드 선택

① 명령 : CIRCLE Enter↵ / ⌨

• 메뉴 : 그리기 〉 원 / 🖱

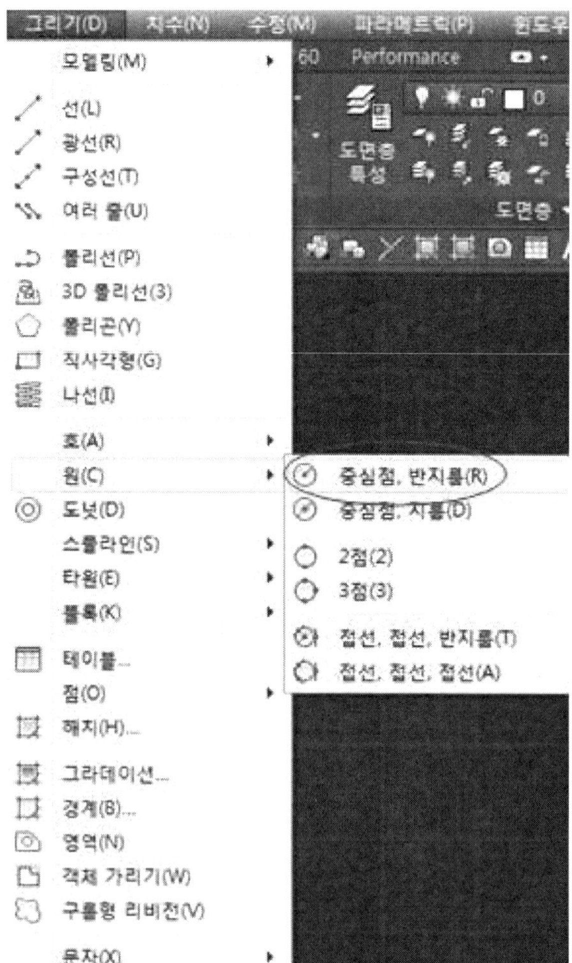

• 리본 : 홈 탭 〉 그리기 패널 > 원 / 🖱

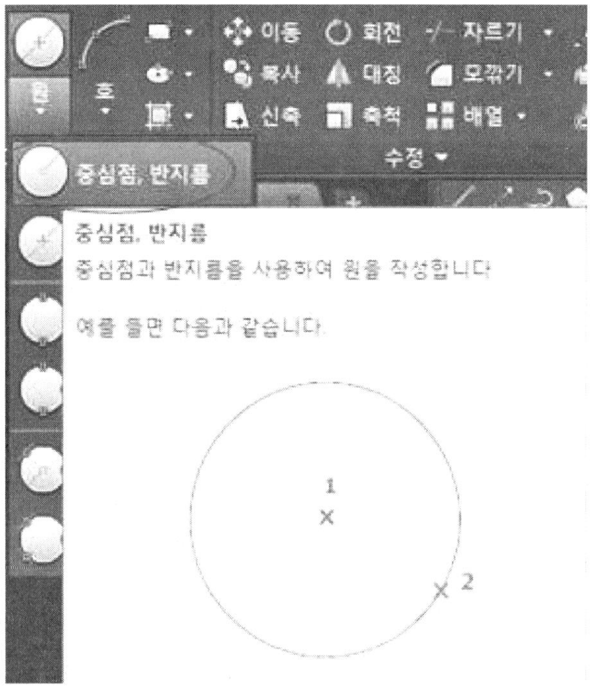

② 원에 대한 중심점 지정 또는 [3점(3P)/2점(2P)/Ttr-접선 접선 반지름(T)] : 100, 100 / Enter↵

③ 원의 반지름 지정 또는 [지름(D)] : 100 / Enter↵

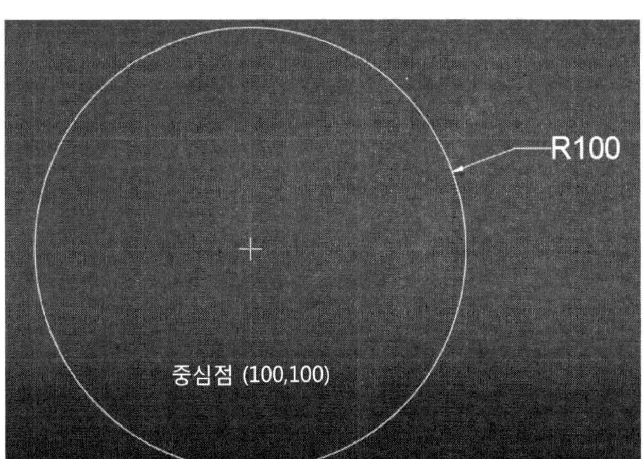

3) 중심점과 지름을 이용한 원 그리기 따라 하기

① 명령 : CIRCLE / Enter↵

- 메뉴 : 그리기 › 원 / 🖱

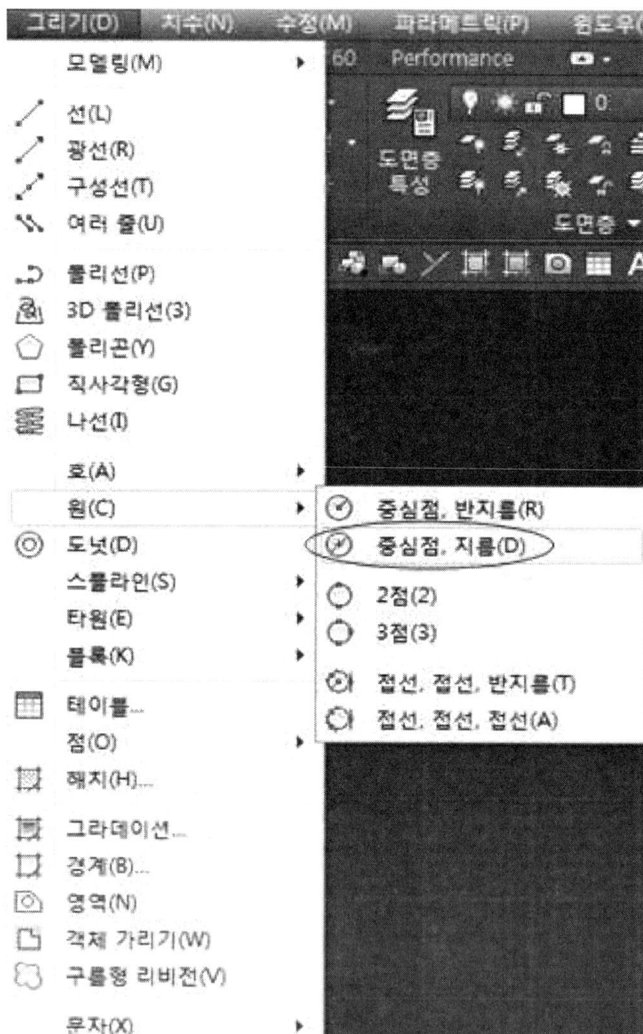

- 리본 : 홈 탭 › 그리기 패널 > 원 / 🖱

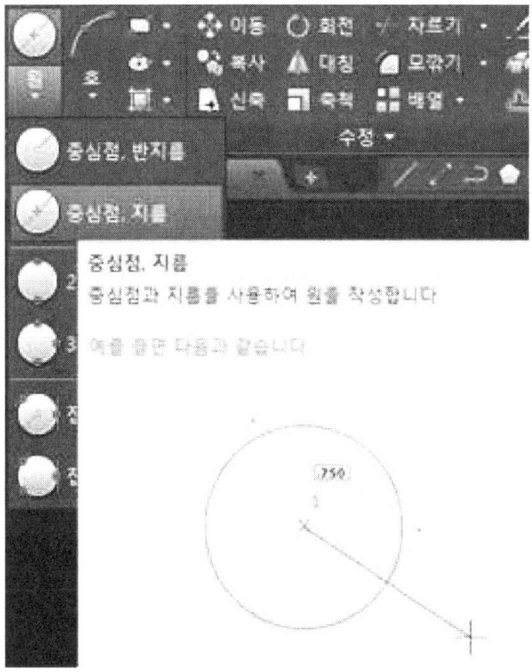

② 원에 대한 중심점 지정 또는 [3점(3P)/2점(2P)/Ttr-접선 접선 반지름(T)] : 100, 100 / Enter↵ (원의 중심점 지정)

③ 원의 반지름 지정 또는 [지름(D)] : D / Enter↵

④ 원의 지름 지정 또는 [지름(D)] : 100 / Enter↵

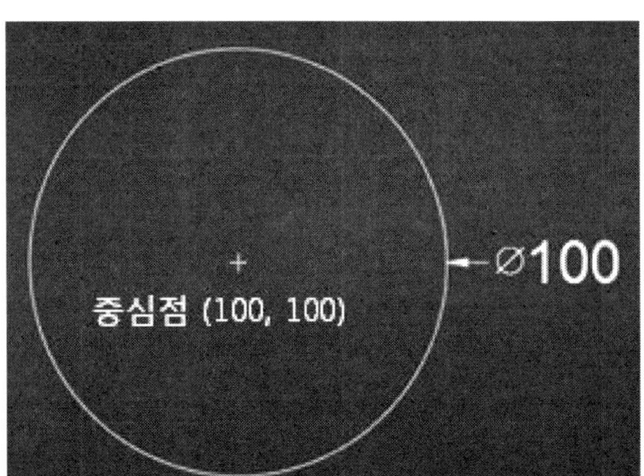

4) 2점을 지정하여 원 그리기 따라 하기

① 명령 : CIRCLE / Enter↵

② 원에 대한 중심점 지정 또는 [3점(3P)/2점(2P)/Ttr-접선 접선 반지름(T)] : 2p/ Enter↵

③ 원의 지름의 첫 번째 끝점을 지정 : Mouse or 좌표 / 🖱 or Enter↵

④ 원의 지름의 두 번째 끝점을 지정 : Mouse or 좌표 / 🖱 or Enter↵

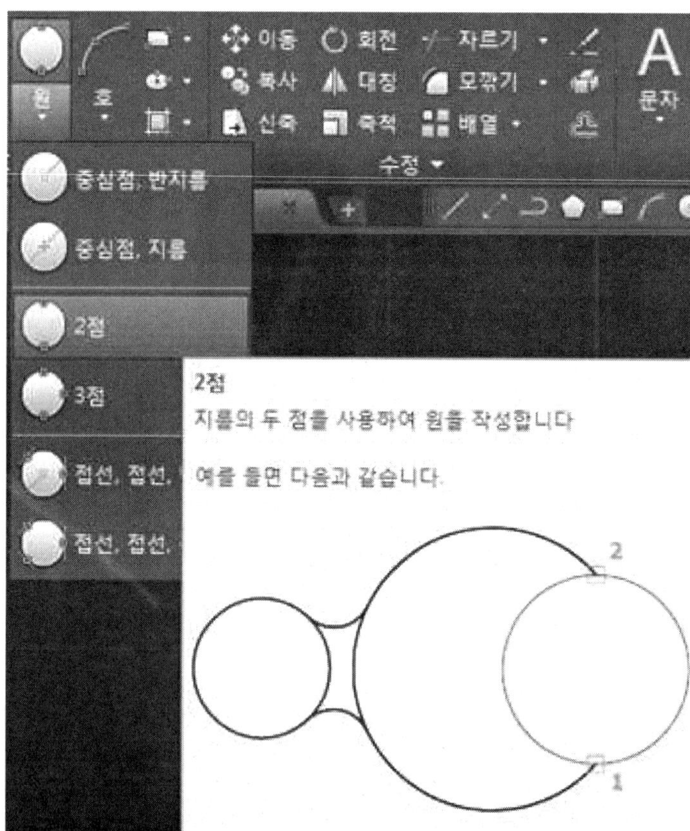

5) 3점을 지정하여 원 그리기 따라 하기

- 원주상의 3점을 이용 원 작성

① 명령 : CIRCLE / Enter↵

② 원에 대한 중심점 지정 또는 [3점(3P)/2점(2P)/Ttr-접선 접선 반지름(T)] : 3p / Enter↵

③ 원 위의 두 번째 점 지정 : Mouse or 좌표 / 🖱 or Enter↵

④ 원 위 세 번째 점 지정 : Mouse or 좌표 / 🖱 or Enter↵

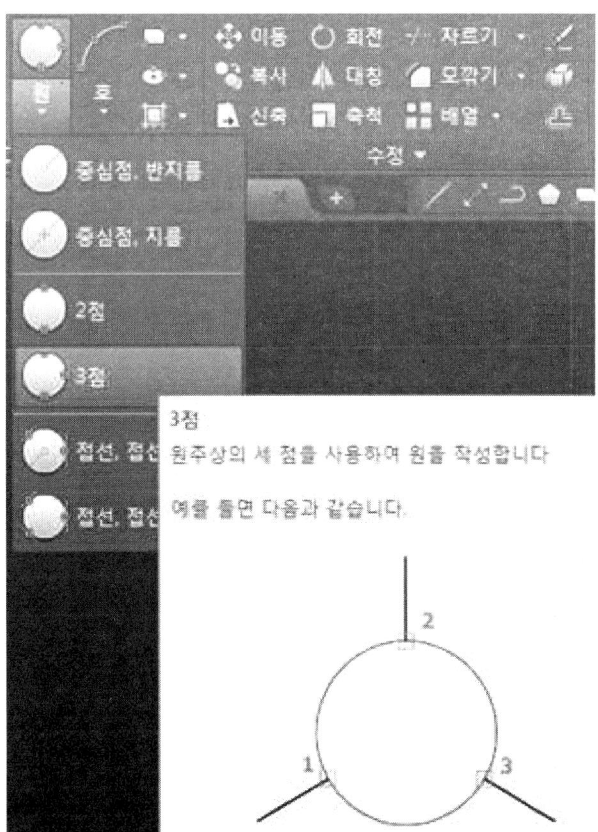

6) 접선, 접선, 반지름을 사용하여 원 그리기 따라하기

- 두 객체에 접하는 접선과 지정된 반지름의 원 작성

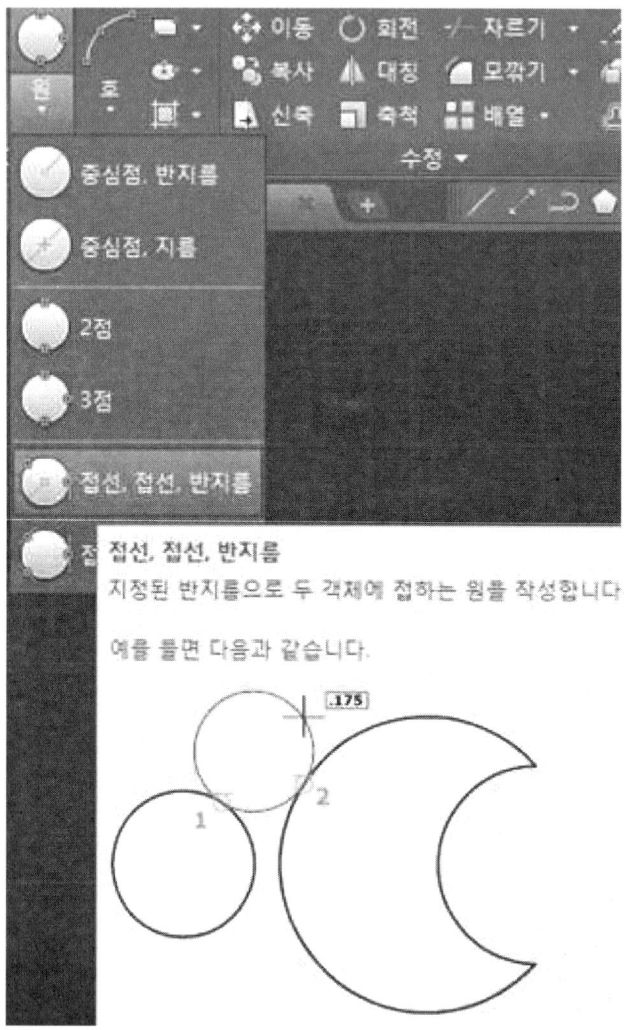

① 명령 : CIRCLE / Enter↵

② 원에 대한 중심점 지정 또는 [3점(3P)/2점(2P)/Ttr-접선 접선 반지름(T)] : ttr / Enter↵

③ 원 위의 첫 번째 접점에 대한 객체 위의 점 지정 : 점 지정 /

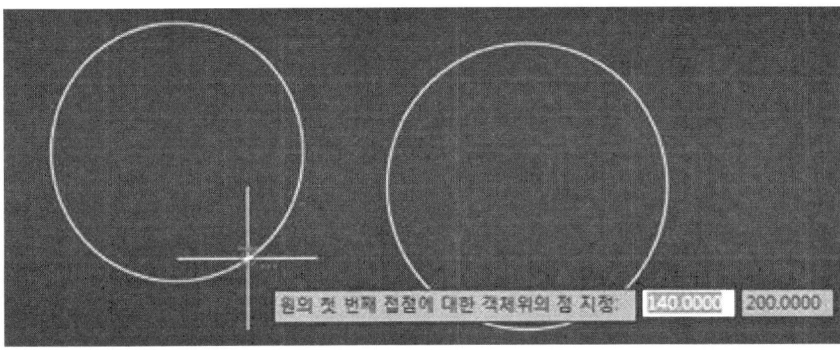

④ 원 위의 두 번째 접점에 대한 객체 위의 점 지정 : - 마우스 입력

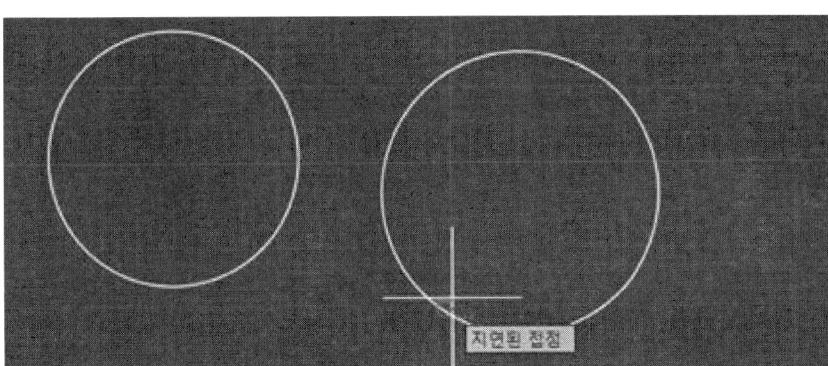

⑤ 원의 반지름 지정 <40.0000> : 40 / Enter↵

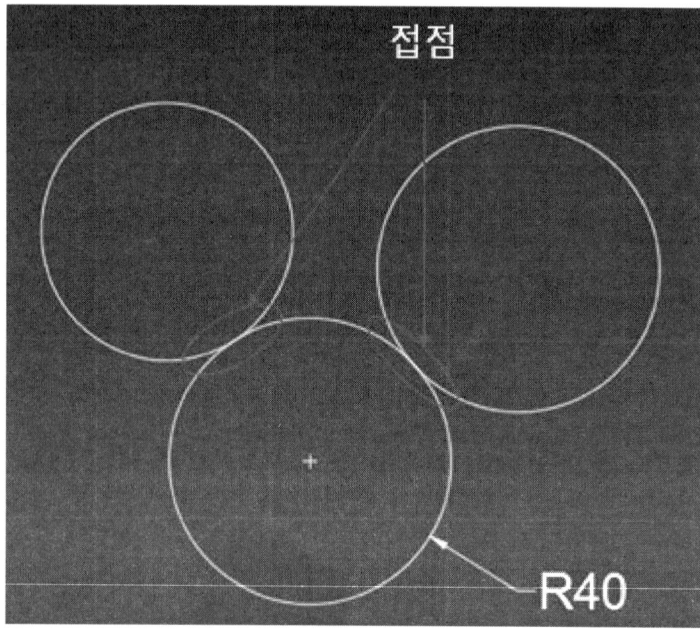

7) 접선, 접선, 접선을 사용하여 원 그리기 따라 하기

- 세 객체에 접하는 접선 접하는 원 작성

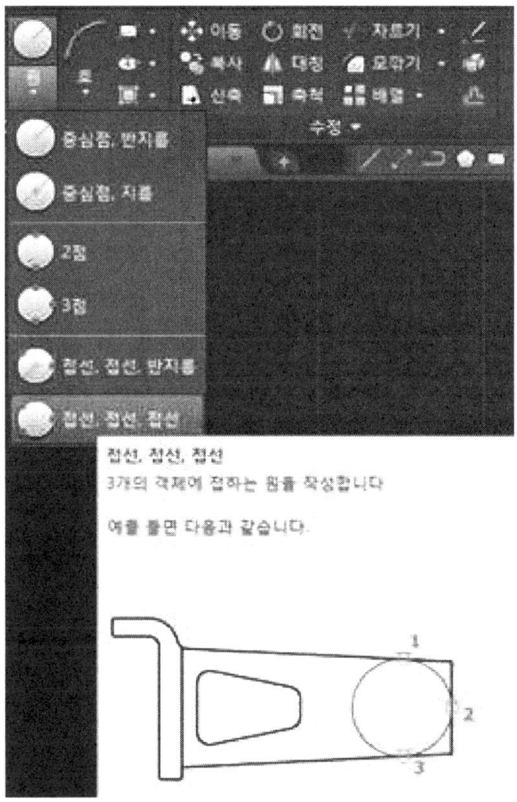

① 명령 : CIRCLE / Enter↵

② _3p 원 위의 첫 번째 점 지정: _tan 대상 / 🖱

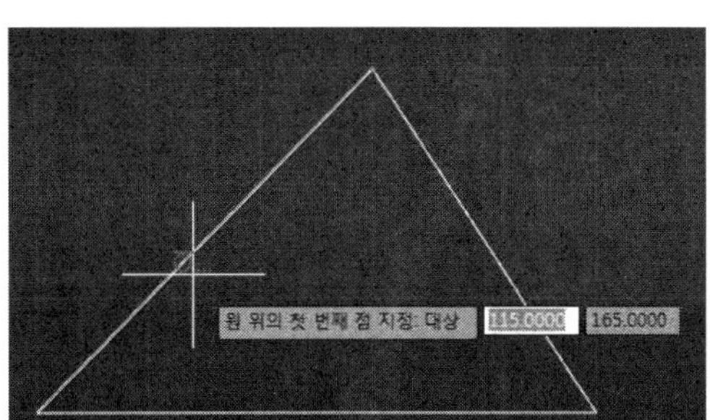

③ 원 위의 두 번째 점 지정: _tan 대상 /

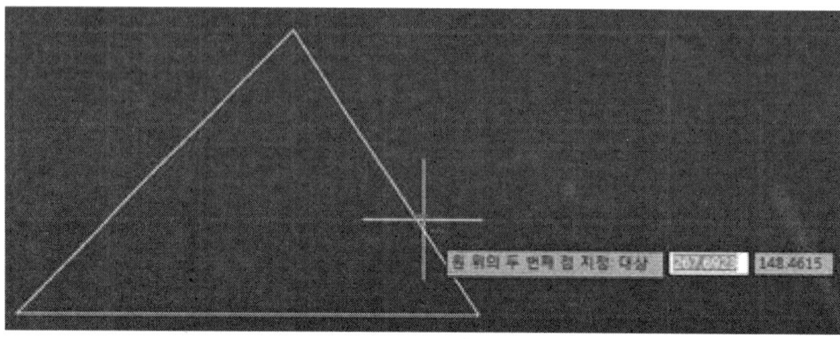

④ 원 위의 세 번째 점 지정: _tan 대상 /

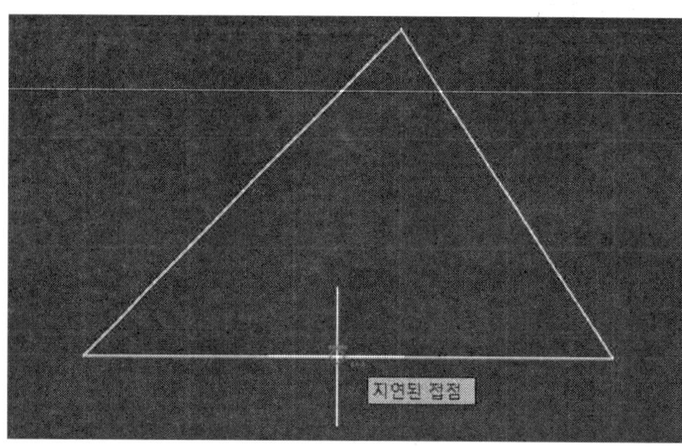

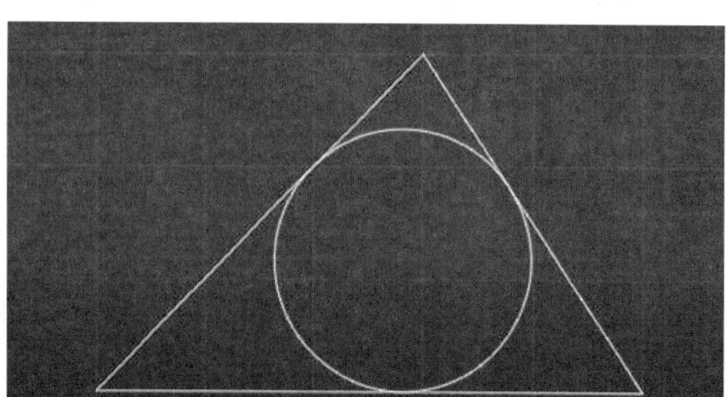

▼ Circle

- ttr(접선, 접선, 반지름), ttt,
  반지름 – 35, 45, 55, 65

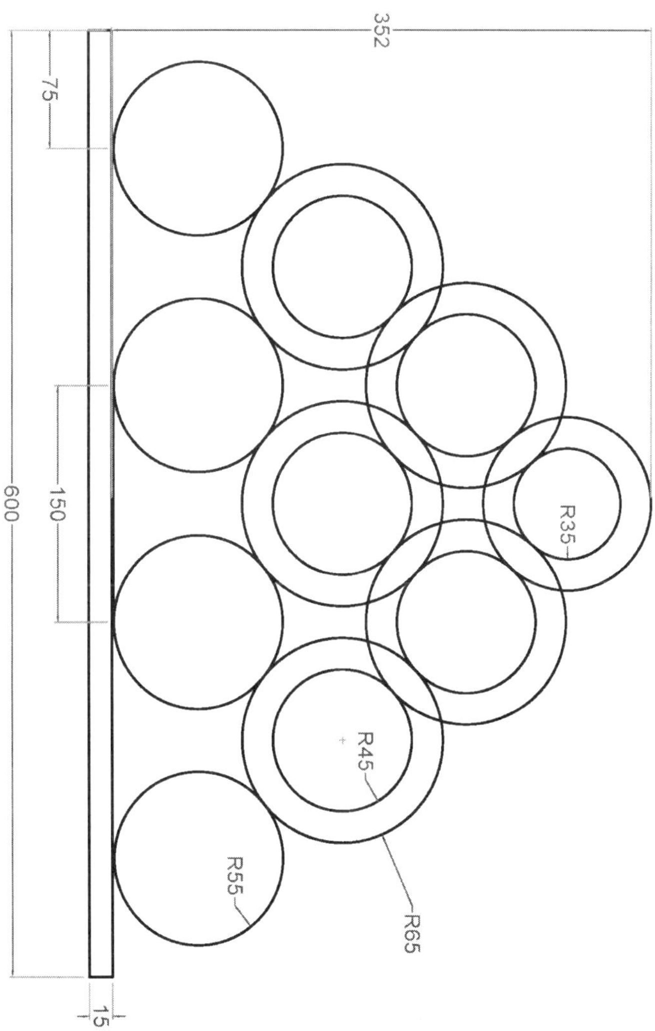

▼ Circle

- 2P, 3P, ttt

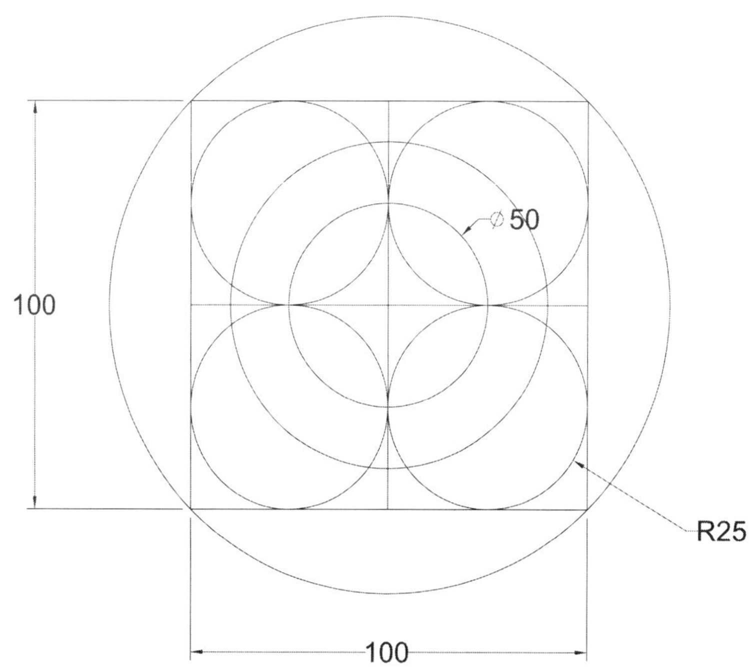

▼ Circle, Line

- Line – 상대극좌표, Circle – 2P, ttr, ttt

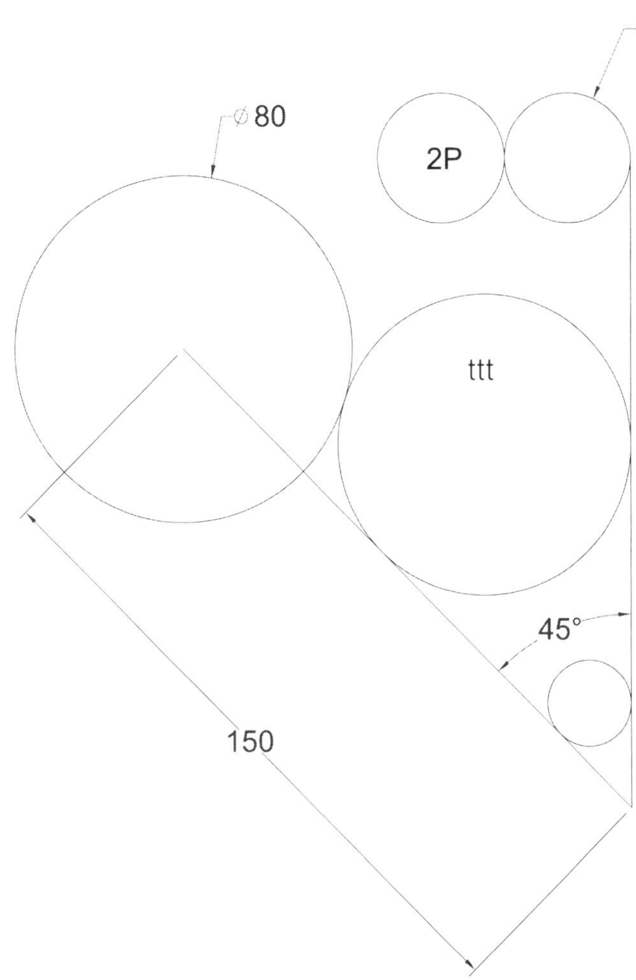

▼ Circle, Line

- Line, Circle – 2P, 3P, ttr, ttt

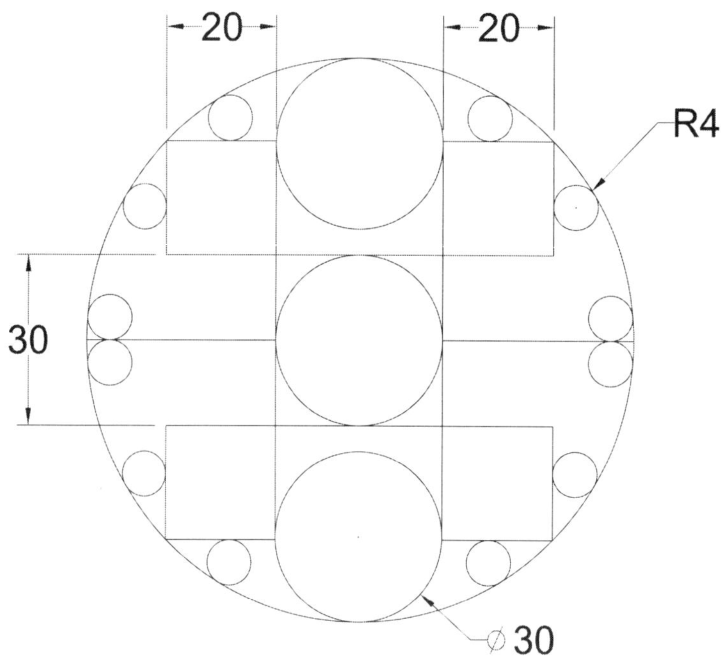

3. 호 그리기

☞ 명령어는 'ARC'이며, 단축키는 'A'이다.

☞ 호의 시작점, 중심점, 두 번째 점, 끝점의 값을 지정하며 11가지 방법이 있다.

3점 호 그리기 / 시작점, 중심점, 끝점 / 시작점, 중심점, 각도 시작점, 중심점, 길이 / 시작점, 끝점, 각도 / 시작점, 끝점, 방향 시작점, 끝점, 반지름 / 중심점, 시작점, 끝점(CSE) / 중심점, 시작점, 각도) 중심점, 시작점, 길이 / 연속

1) 명령 실행방법

- 명령 : ARC / Enter↵ (⌨ - TEXT입력)
- 메뉴 : 그리기 〉 호 / 🖱 (마우스 입력)
- 리본 : 홈 탭 〉 그리기 패널 > 호 / 🖱

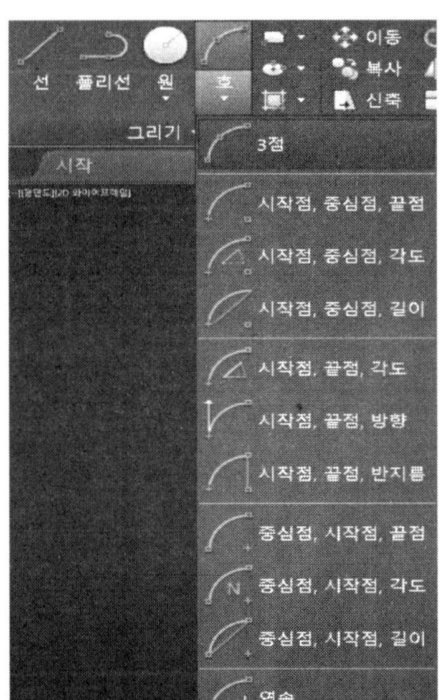

2) 3점 호를 이용한 호 그리기 따라 하기

- 세 점을 지정하여 호를 작성한다.

① 명령 : ARC / [Enter↵]
② 호의 시작점 지정 또는 [중심(C)] : P1 지정 / 🖱
③ 호의 두 번째 점 또는 [중심(C) 끝(E)] : P2 지정 / 🖱
④ 호의 끝점 지정 : P3 지정 / 🖱

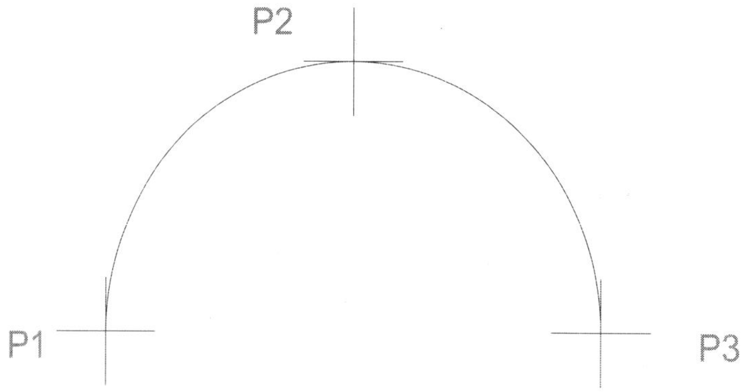

3) 시작점, 중심점, 끝점를 이용한 호 그리기 따라 하기

① 호의 시작점 지정 또는 [중심(C)] : P1 지정 / 🖱
② 호의 두 번째 점 또는 [중심(C) 끝(E)] : C지정 / [Enter↵]
③ 호의 중심점 지정 : P2 지정 / 🖱
④ 호의 끝점 지정 : P3 지정 / 🖱

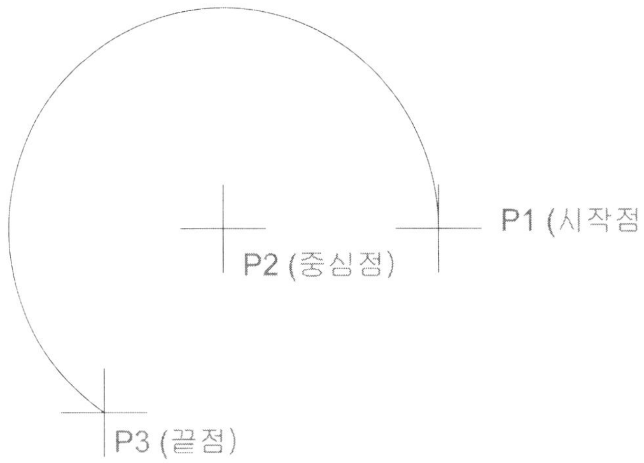

4) 시작점, 중심점, 각도를 이용한 호 그리기

- 시작점, 중심점, 사이 각을 지정하여 호 작성
- 시작점에서 시계 반대 방향으로 호 작성
- 시작점에서 중심점까지의 거리가 호의 반지름

① 호의 시작점 지정 또는 [중심(C)] : P1 지정 / 🖰

② 호의 두 번째 점 또는 [중심(C) 끝(E)] : C / Enter↵

③ 호의 중심점 지정 : P2 지정 / 🖰 - 마우스 입력

④ 호의 끝점 지정(ctrl 키를 누른 상태에서 방향 전환) 또는 [각도(A) 현의 길이(L)] : A / Enter↵

⑤ 사이 각 지정(ctrl 키를 누른 상태에서 방향 전환) 또는 : 90° / Enter↵

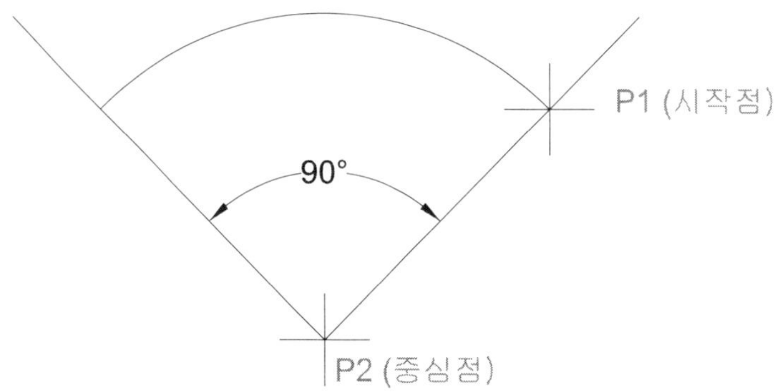

5) 시작점, 중심점, 길이를 이용한 호 그리기

- 시작점, 중심점, 현의 길이를 지정하여 호 작성
- 시작점에서 시계 반대 방향으로 호 작성
- 시작점에서 중심점까지의 거리가 호의 반지름
- 호의 시작점에서 끝까지 현의 길이를 지정

① 호의 시작점 지정 또는 [중심(C)] : P1 지정 / 🖱

② 호의 두 번째 점 또는 [중심(C) 끝(E)] : C / Enter↵

③ 호의 중심점 지정 : P2 지정 / 🖱 - 마우스 입력

④ 호의 끝점 지정(ctrl 키를 누른 상태에서 방향 전환) 또는 [각도(A) 현의 길이(L)] : L / Enter↵

⑤ 현의 길이 지정(ctrl 키를 누른 상태에서 방향 전환) : 100 / Enter↵

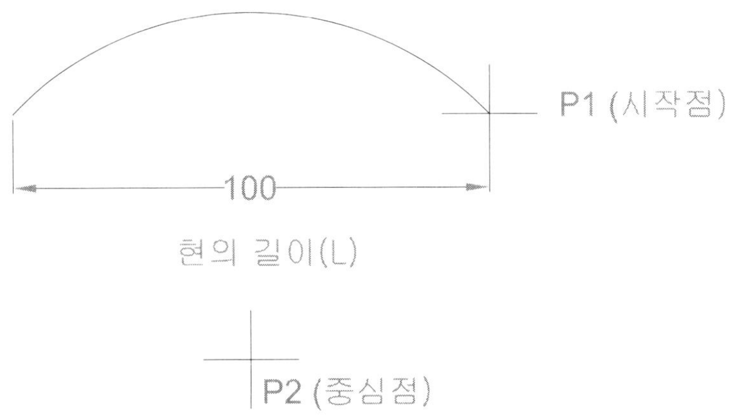
P1 (시작점)
100
현의 길이(L)
P2 (중심점)

4. 타원 그리기

☞ 중심점, 장축, 단축을 이용하여 타원을 그린다.

☞ 명령어는 'ELLIPSE'이며, 단축키는 'EL'이다.

☞ 그리는 방법은 첫 번째 축의 중심점과 끝점, 두 번째 축의 길이를 지정한다.

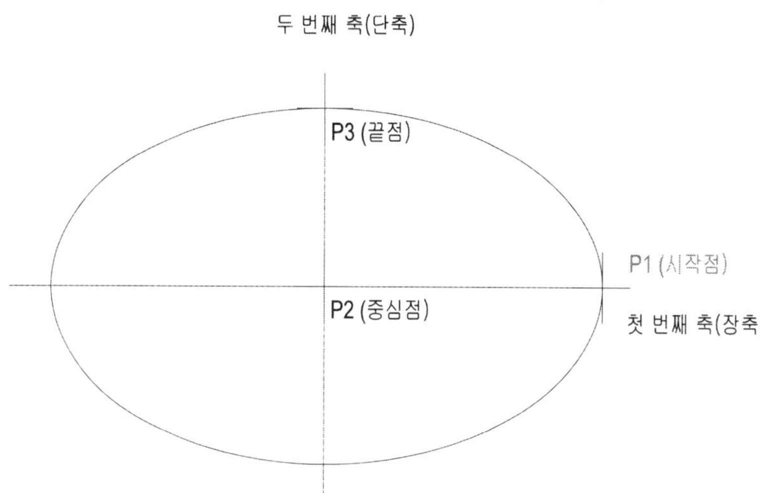

1) 명령 실행 방법

- 명령 : ELLIPSE / Enter↵
- 메뉴 : 그리기 〉 타원 / 🖱
- 리본 : 홈 탭 〉 그리기 패널 > 타원 / 🖱

2) 중심점을 이용한 타원 그리기

- 중심점을 지정한 후 타원을 작성한다.

① 명령 : ELLIPSE / Enter↵

② 타원의 축 끝점 지정 또는 [호(A) 중심(C)] : C / Enter↵

③ 타원의 중심 지정 : 중심점 지정 P1 / 🖱

④ 축의 끝점 지정 : 끝점 지정 P2 / 🖱

⑤ 다른 축으로 거리를 지정 또는 [회전(R)]: P3 / 🖱

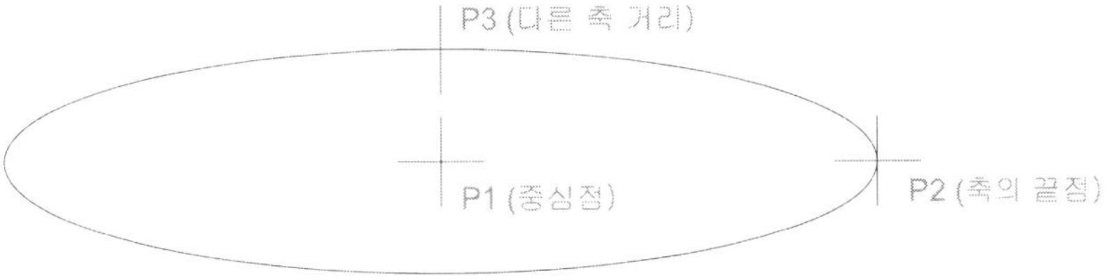

3) 축, 끝점을 이용한 타원 그리기

① 명령 : ELLIPSE / Enter↵

② 타원의 축 끝점 지정 또는 [호(A) 중심(C)] : P1 / Enter↵

③ 타원의 축의 다른 끝점 지정 : P2 / 🖱

④ 다른 축으로 거리를 지정 또는 [회전(R)]: P3 / 🖱

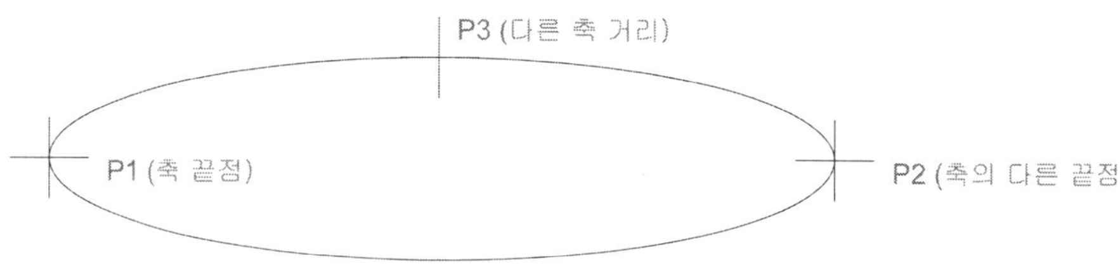

▼ ARC

- ARC, Grid / 10, Snap / 10

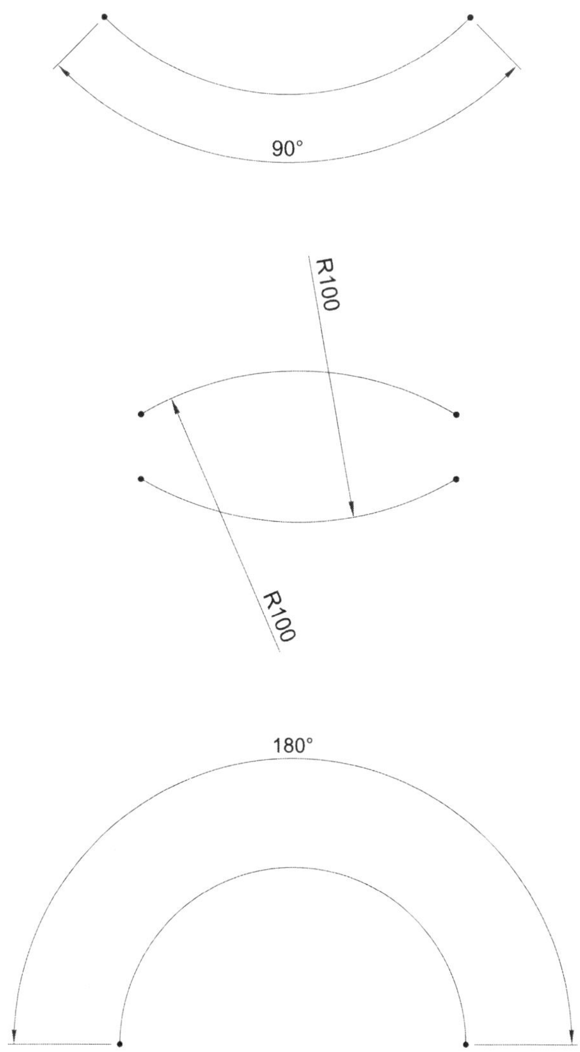

▼ ARC

- ARC, Grid / 10, Snap / 10

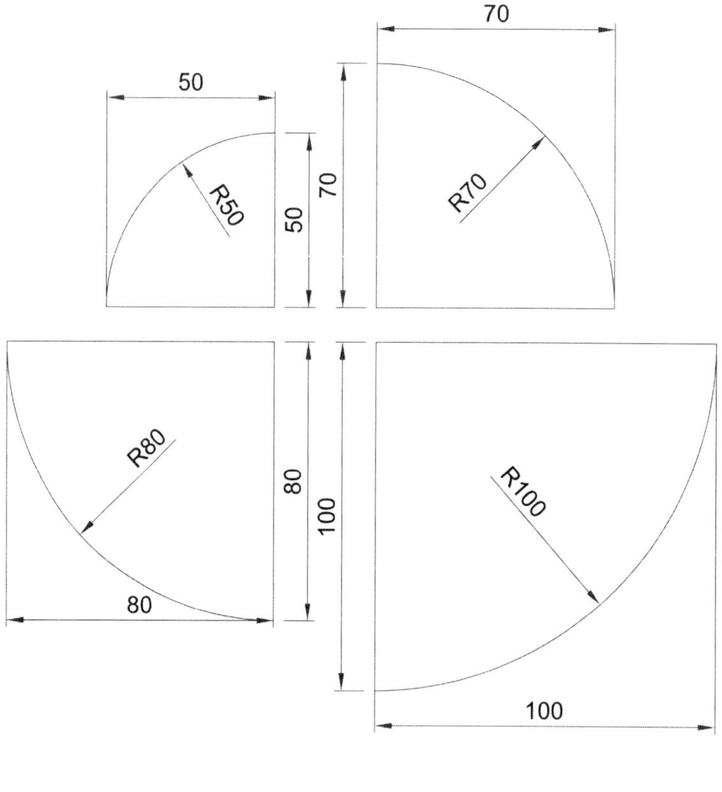

▼ ARC

- ARC, Grid / 10, Snap / 10

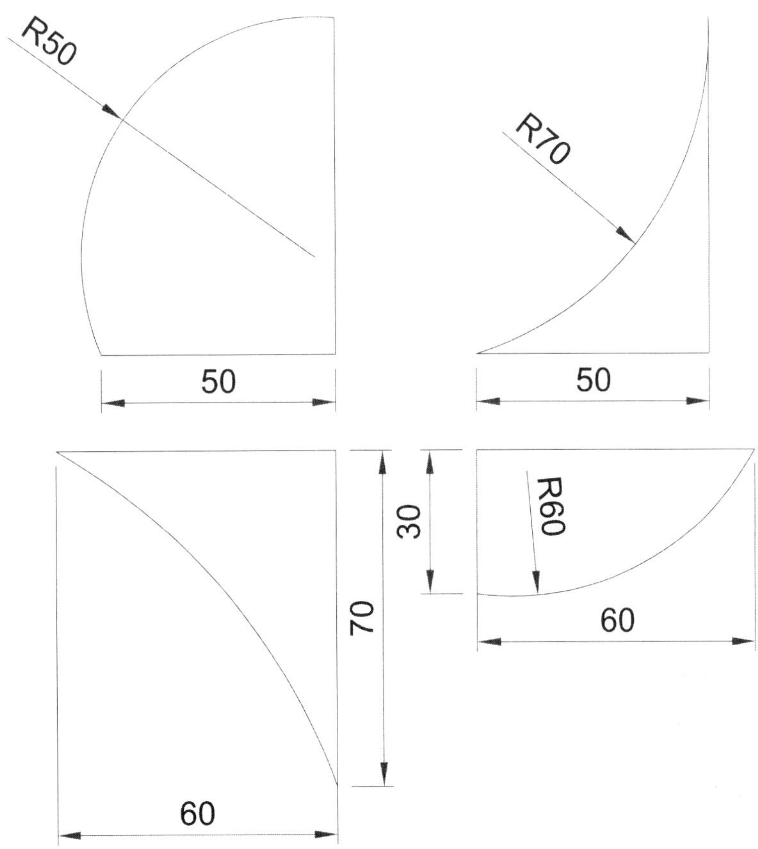

5. 사각형 그리기

☞ 매개변수(길이, 폭, 회전) 및 구석 유형(모깍기, 모따기 또는 사각)으로 직사각형을 그린다.

1) 명령 실행 방법

- 명령 : RECTANG / Enter↵
- 메뉴 : 그리기 〉 직사각형 / 🖱
- 리본 : 홈 탭 〉 그리기 패널 > 직사각형 / 🖱

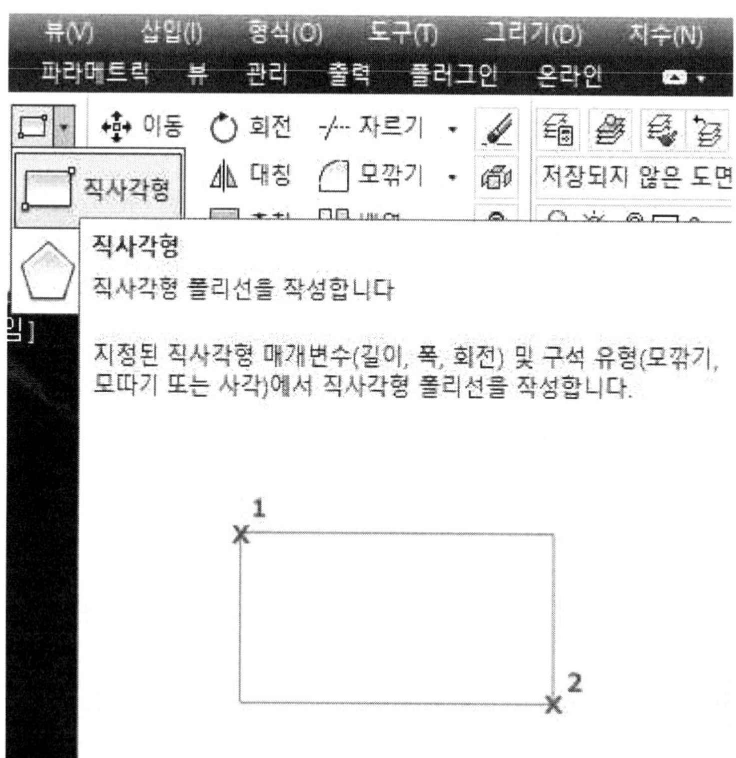

2) 사각형 그리기 따라 하기

① 명령 : RECTANG / Enter↵

② 첫 번째 구석점 지정 또는 [모따기(C)/고도(E)/모깍기(F)/폭(W)] : P1 click / 🖱

③ 다른 구석점 지정 [영역(A) 치수(D) 회전(R)] : P2 click / 🖱

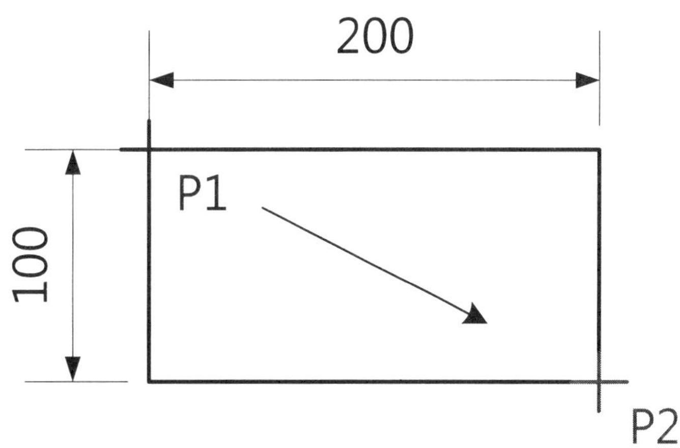

6. 다각형 그리기

☞ N개의 길이가 같은 변의 다각형을 그릴 때 사용한다.

1) 명령 실행 방법

- 명령 : POLYGON / Enter↵
- 메뉴 : 그리기 ❯ 다각형 / 🖱
- 리본 : 홈 탭 ❯ 그리기 패널 > 다각형 / 🖱

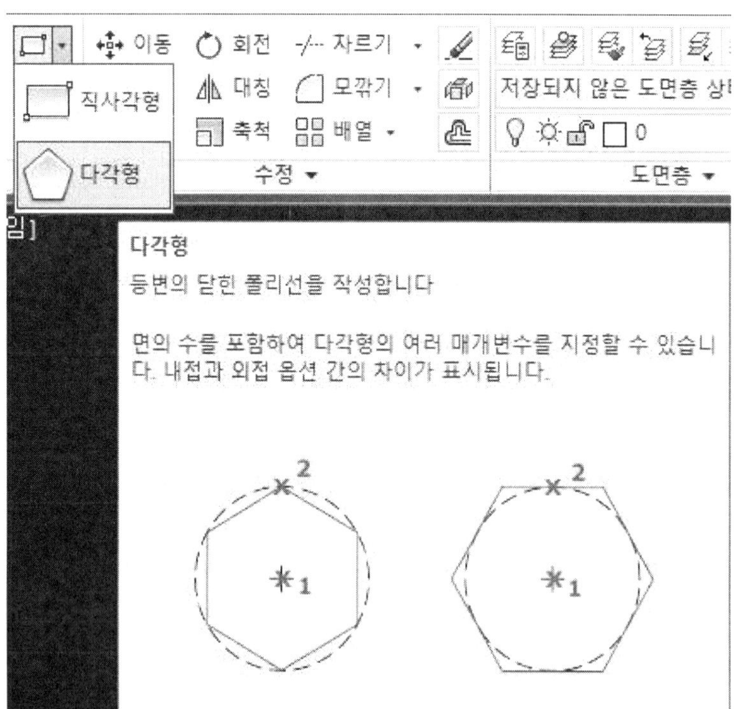

2) POLYGON 내접으로 그리기 따라 하기

- (I) - Inscribed

① 명령 : POLYGON / Enter↵

② 변의 수 입력 <4> ; 5 / Enter↵

③ 다각형의 중심을 지정 또는 [모서리(E) 치수(D) 회전(R)] : 점 P1 지정 / 🖱

④ 옵션 입력 [내접원(I)/외접원(C)] <C> : I / Enter↵

⑤ 원의 반지름 지정: 100 / Enter↵

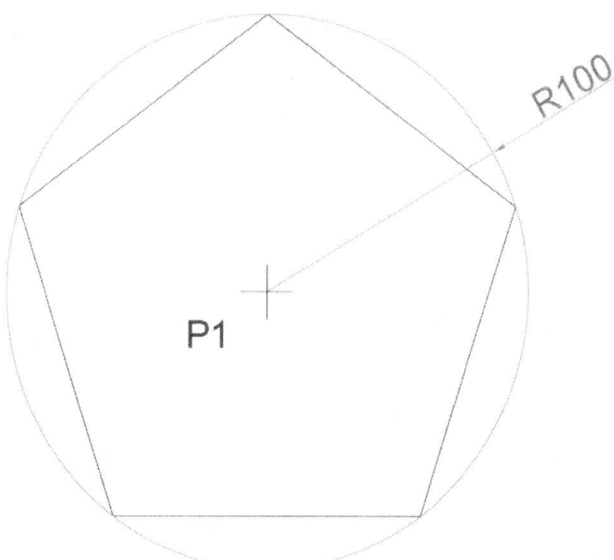

3) POLYGON 외접으로 그리기 따라 하기

• (C) - Circumscribed

① 명령 : POLYGON / [Enter↵]

② 변의 수 입력 <4> : 5 [Enter↵] /

③ 다각형의 중심을 지정 또는 [모서리(E) 치수(D) 회전(R)] : 점 P1 지정 /

④ 옵션 입력 [내접원(I)/외접원(C)] <C> / [Enter↵]

⑤ 원의 반지름 지정 : 100 / [Enter↵]

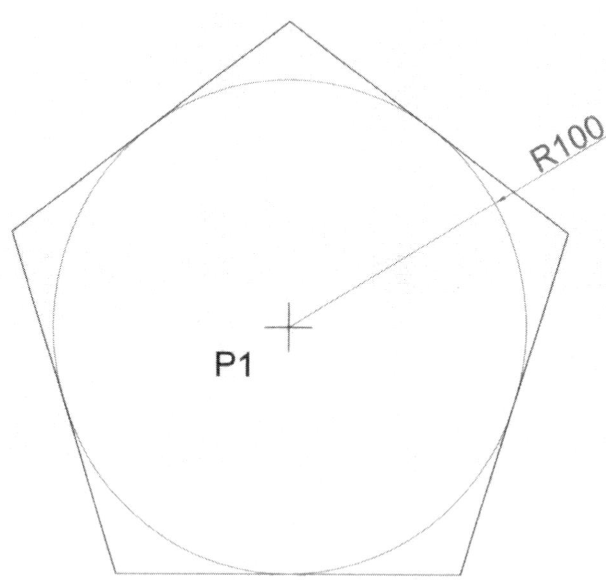

4) POLYGON 모서리로 그리기 따라 하기

- (E) - Circumscribed

① 명령 : POLYGON / Enter↵

② 면의 수 입력 <4> : 5 / Enter↵

③ 다각형의 중심을 지정 또는 [모서리(E) 치수(D) 회전(R)] : E / Enter↵

④ 모서리의 첫 번째 끝점 지정 : P1 click /

⑤ 모서리의 두 번째 끝점 지정 : P2 click /

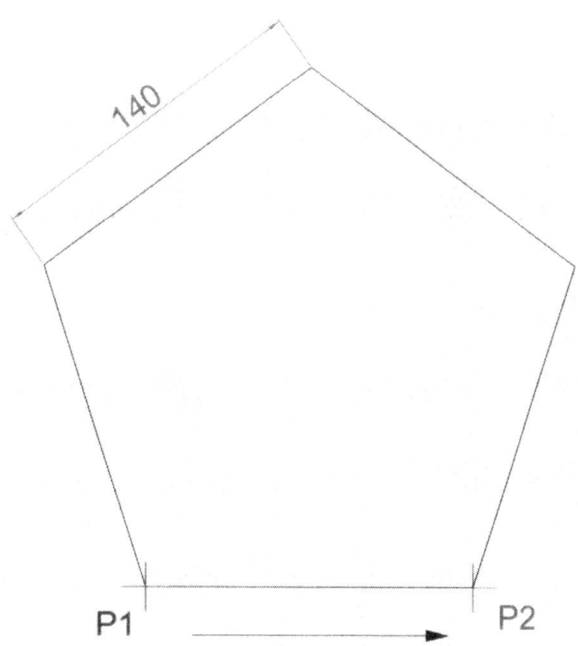

7. 해 치

☞ 물체의 내부를 절단 단면으로 표시하는 패턴이다.

☞ 닫힌 영역이나 선택된 객체를 패턴이나 채우기로 채운다.

☞ 객체에 의해 닫힌 폐 곡면(영역) 내의 한 점을 선택한다.

☞ 도구 팔레트에서 해치 패턴을 끌어 닫힌 영역에 넣는다.

1) 명령 실행방법

- 명령 : HATCH / Enter↵
- 메뉴 : 그리기 > 해치 / 🖱
- 리본 : 홈 탭 > 그리기 패널 > 해치 / 🖱

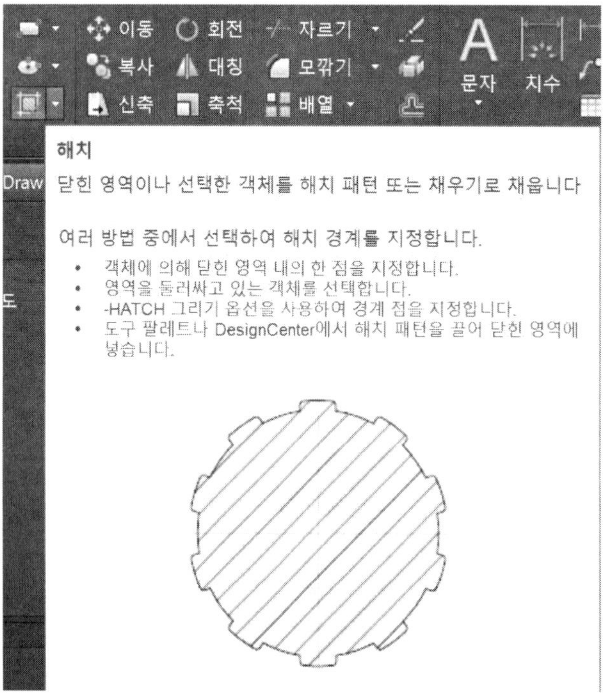

2) 도형의 내부 해치 따라 하기

① HATCH / Enter↵

② 내부 점 선택 또는 [객체 선택(S) 명령 취소(U) 설정(T)]
: P1 지정 (SOLID 패턴 선택)

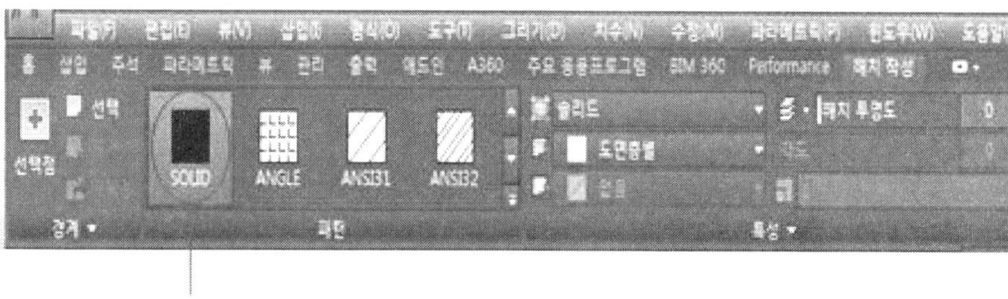

P1

③ 첫 번째 점 지정 : P2 지정 / 🖰

④ 두 번째 점 지정 : P3 지정 / 🖰

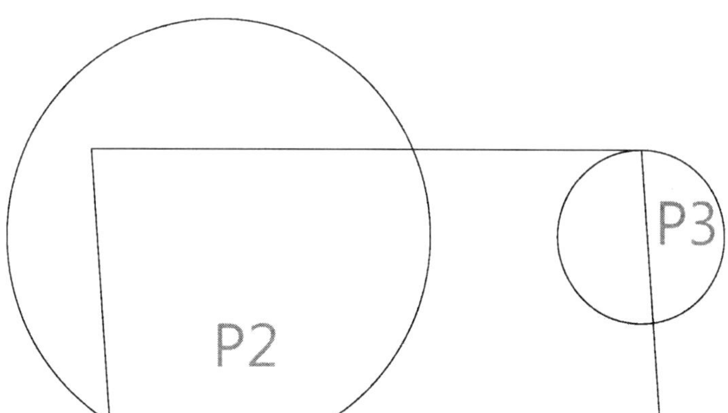

⑤ 세 번째 점 지정 : Enter↵ /종료

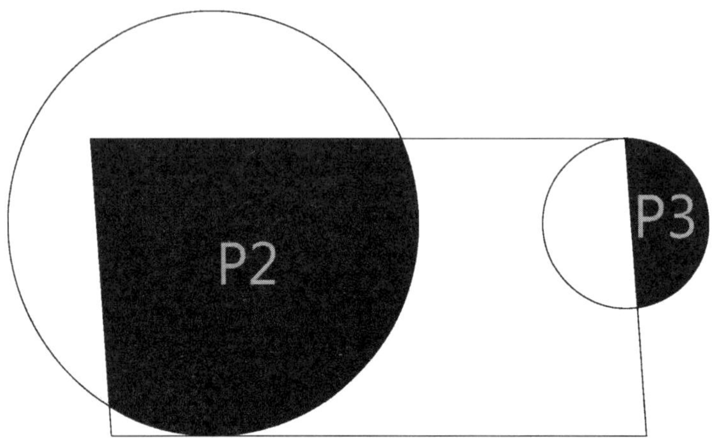

3) 해치 팔레트

① ANSI

② ISO

③ 기타 미리 정의

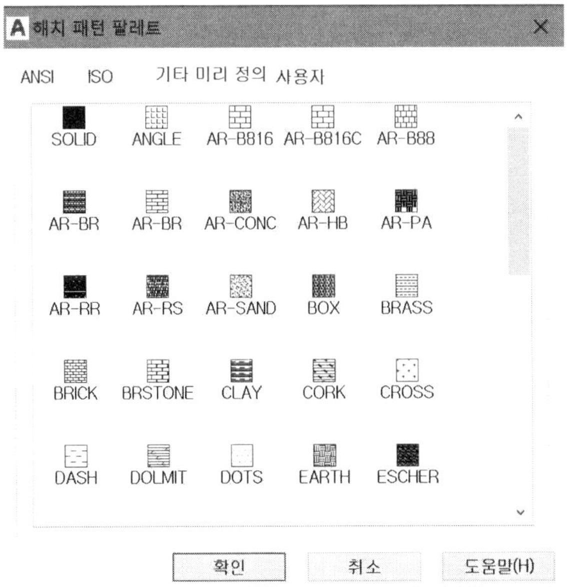

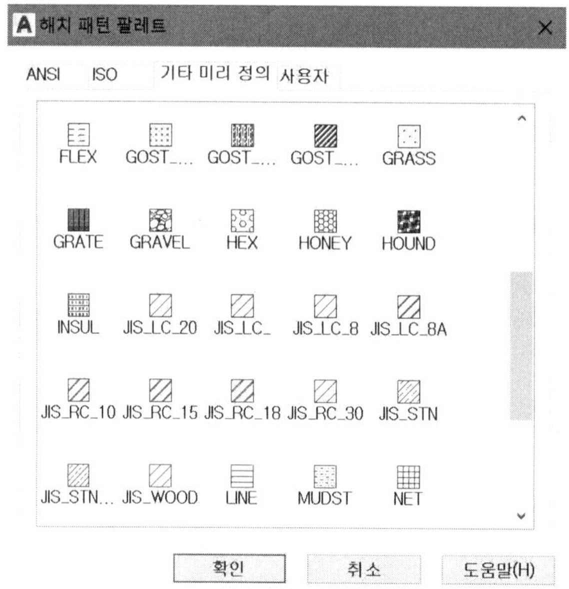
해치 패턴 팔레트
ANSI
ISO
기타 미리 정의
사용자
FLEX
GOST_...
GOST_...
GOST_...
GRASS
GRATE
GRAVEL
HEX
HONEY
HOUND
INSUL
JIS_LC_20
JIS_LC_
JIS_LC_8
JIS_LC_8A
JIS_RC_10
JIS_RC_15
JIS_RC_18
JIS_RC_30
JIS_STN
JIS_STN...
JIS_WOOD
LINE
MUDST
NET
확인
취소
도움말(H)

8. 폴리선

☞ 선 두께의 변화시키면서 직선과 호를 연속적으로 그린다.
☞ 여러 세그먼트가 순차적으로 연결된다.

1) 명령 실행방법

- 명령 : PLINE / Enter↵
- 메뉴 : 그리기 > 폴리선 / 🖱
- 리본 : 홈 탭 > 그리기 패널 > 폴리선 / 🖱

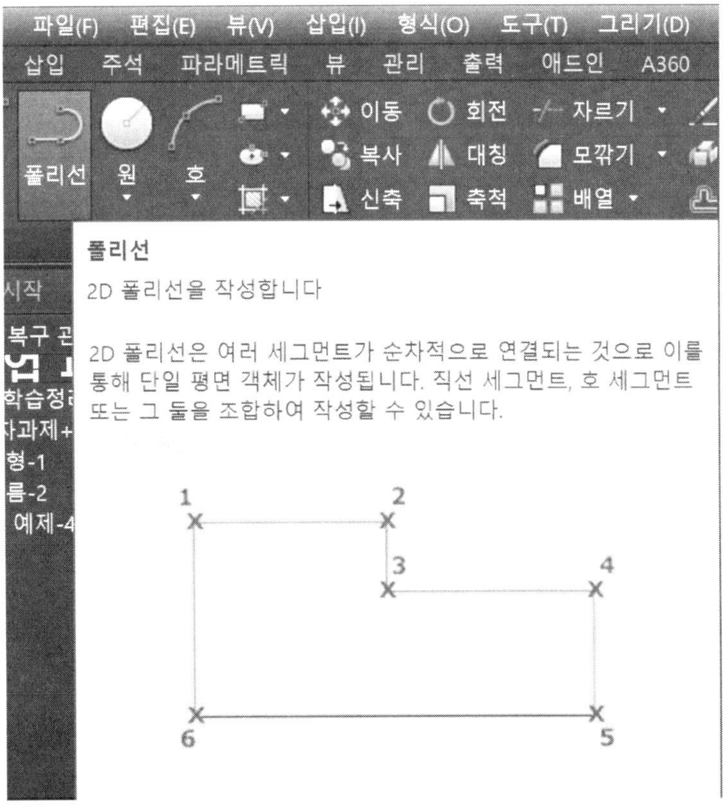

2) PLINE으로 화살표 그리기 따라 하기

① PLINE / Enter↵

② 시작점 지정 : P1 지정 / 🖱

③ 다음 점 지정 또는 [호(A) 반폭(H) 길이(L) 명령 취소(U) 폭(W)] : P2 지정 / 🖱

④ 다음 점 지정 또는 [호(A) 반폭(H) 길이(L) 명령 취소(U) 폭(W)] : W / Enter↵

⑤ 시작 폭 지정 <0.0000> : 10 / Enter↵

⑥ 끝 폭 지정 <0.0000> : 0 / Enter↵

⑦ 다음 점 지정 또는 [호(A) 반폭(H) 길이(L) 명령 취소(U) 폭(W)] : P3 지정 / 🖱

⑧ 다음 점 지정 또는 [호(A) 반폭(H) 길이(L) 명령 취소(U) 폭(W)] : Enter↵ / 종료

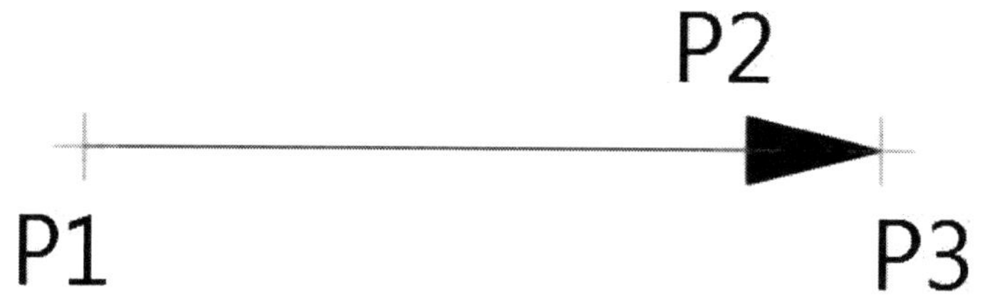

9. 솔리드

☞ 솔리드로 내부가 채워진 삼각형, 사각형을 작성한다.

1) 명령 실행방법

• 명령 : solid / Enter↵

2) 솔리드 따라 하기

- 솔리드로 내부가 채워진 사각형 작성

① 첫 번째 점 지정 : P1 지정 / 🖱 - 마우스 입력
② 두 번째 점 지정 : P2 지정 / 🖱
③ 세 번째 점 지정 : P3 지정 / 🖱
④ 네 번째 점 지정 : P3 지정 / 🖱
⑤ 다섯 번째 점 지정 : Enter↵

◐ 지그재그로 점 지정한 경우

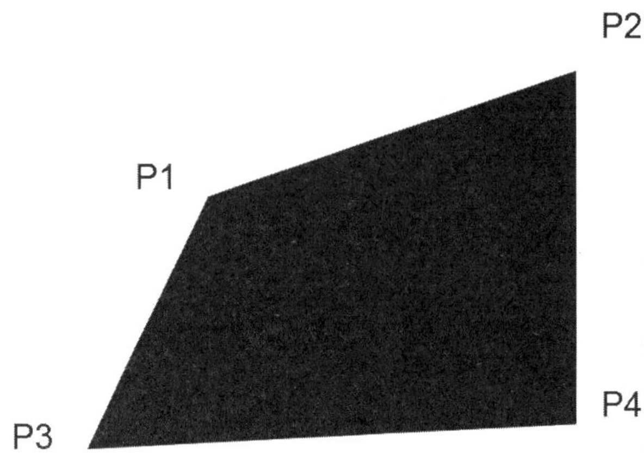

◐ 시계방향으로 점 지정한 경우

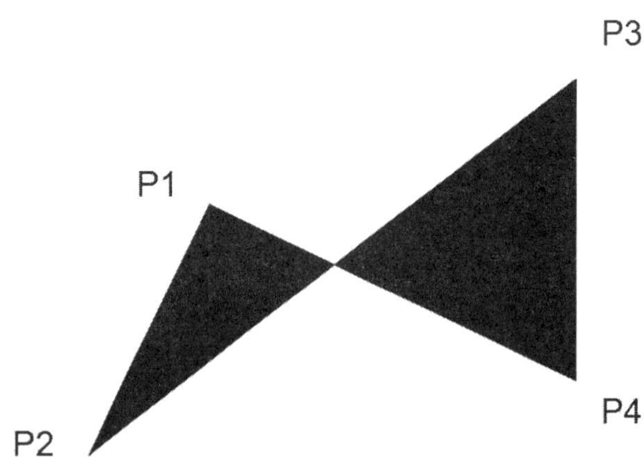

∇ Hatch

- Hatch, Fillet, Champer, Trim

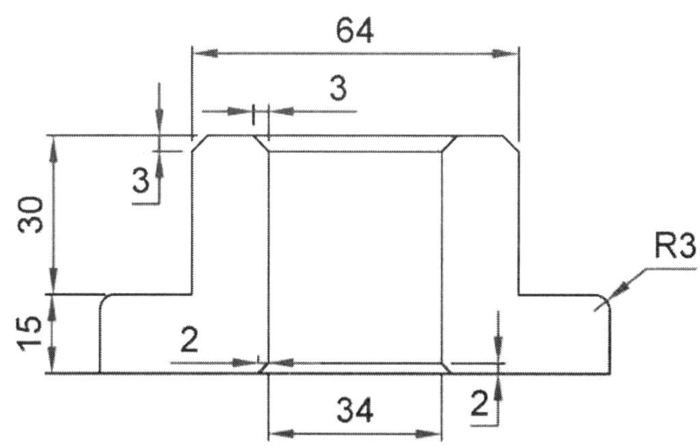

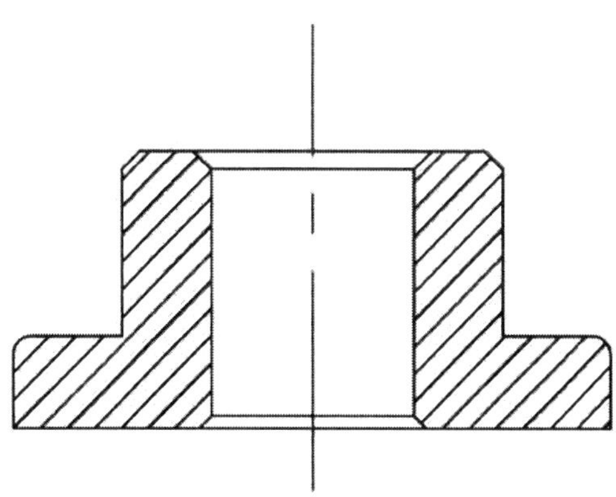

제 4 장

수 정

1. 지우기

☞ 도면상에서 선택된 객체를 지정된 방향과 거리만큼 떨어진 곳에 복사한다.

1) 명령 실행방법

- 명령 : ERASE / Enter↵
- 메뉴 : 수정 〉 지우기(E) / 🖱
- 리본 : 홈 탭 〉 수정 패널 > 지우기 / 🖱

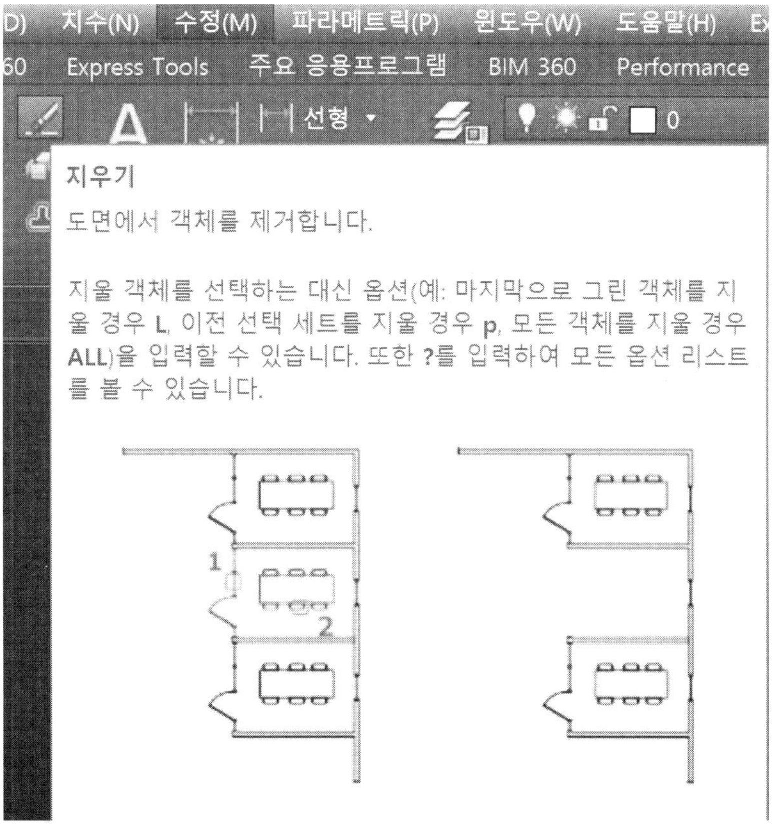

2) 지우기 따라 하기

① 명령 : ERASE / Enter↵
② 객체선택 : 점 P1 click / 🖱
③ 객체선택 : 점 P2 click / 🖱
④ 객체선택 : 점 P3 click / 🖱
⑤ 객체선택 : Enter↵

◐ **원본**

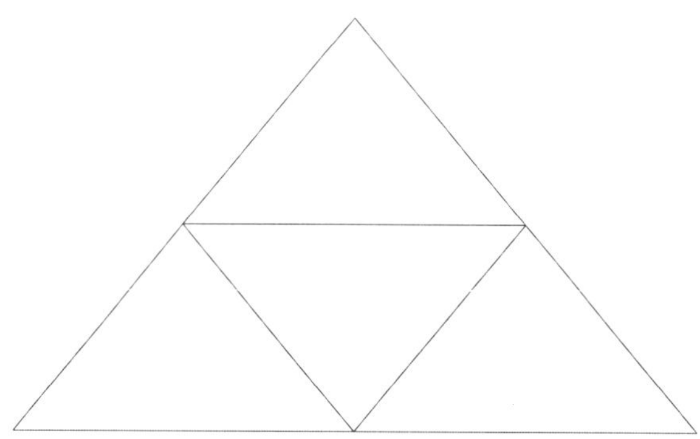

◐ **객체선택 : P1, P2, P3 선택**

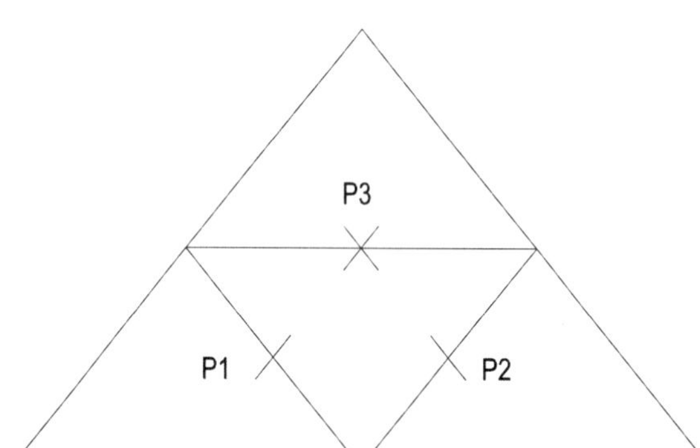

◐ 지우기 결과

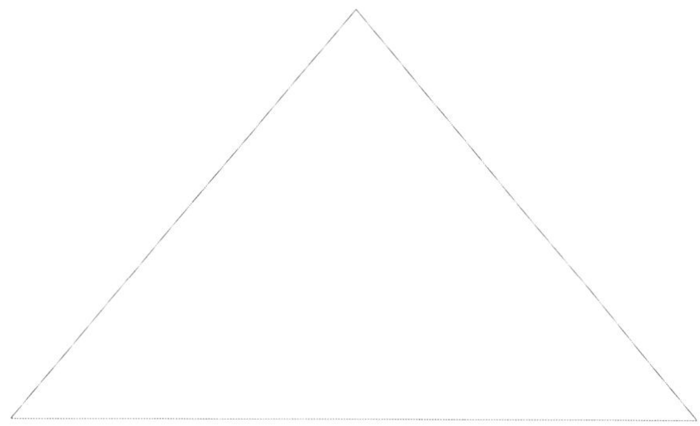

2. 복 사

☞ 도면상에서 선택된 객체를 지우는 명령

1) 명령 실행방법

- 명령 : COPY [Enter↵] / ⌨
- 메뉴 : 수정 ❯ 복사(Y) / 🖱
- 리본 : 홈 탭 ❯ 수정 패널 > 복사 / 🖱

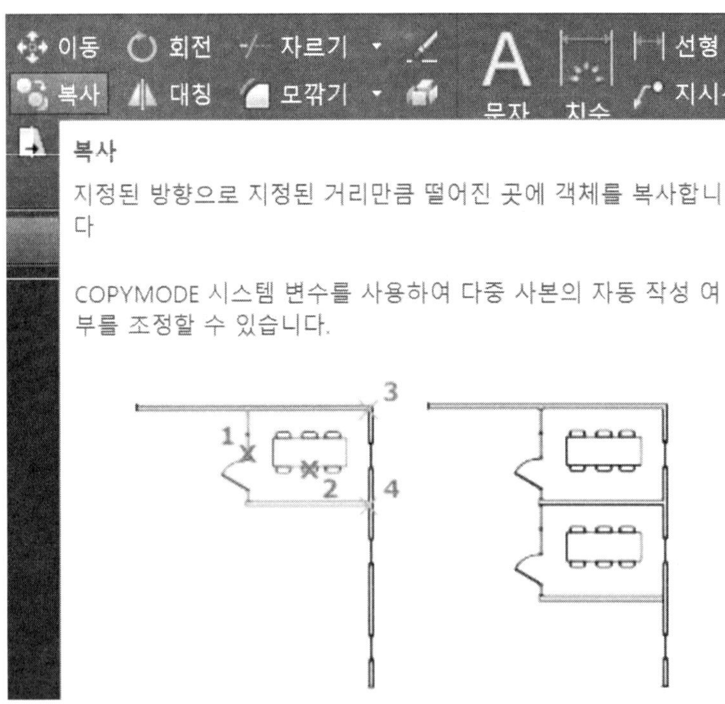

2) 복사 따라 하기

① 명령 : COPY [Enter↵] / ⌨

② 객체선택 : 점 P1 click / 🖱

③ 객체선택 : 반대 구석 지정 : 점 P2 click /

④ 객체선택 : Enter↵ (선택이 완료되었으면)

⑤ 기본점 지정 또는 [변위(D) 모드(O)] <변위> : P1 지정 /

⑥ 두 번째 점 지정 또는 [배열(A)] <첫 번째 점을 변위로 사용> : P2 지정 /

⑦ 두 번째 점 지정 또는 [배열(A) 종료(E) 명령 취소(U)] <종료>} : P3 지정 /

⑧ 두 번째 점 지정 또는 [배열(A) 종료(E) 명령 취소(U)] <종료>] : P4 지정 /

⑨ 두 번째 점 지정 또는 [배열(A) 종료(E) 명령 취소(U)] <종료> : Enter↵

◐ **원본**

◐ 객체선택 : P1, P2 선택

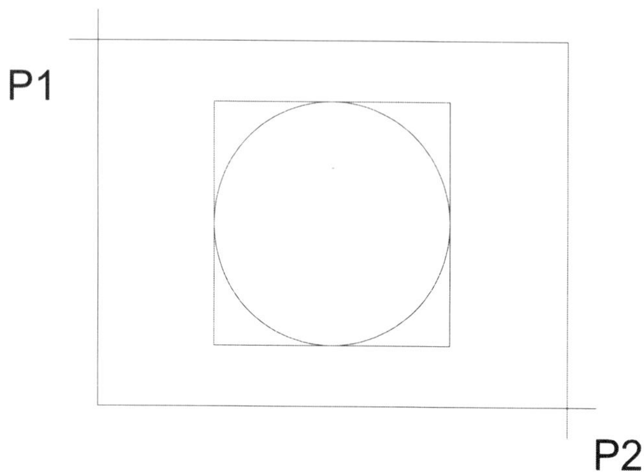

◐ 복사 결과

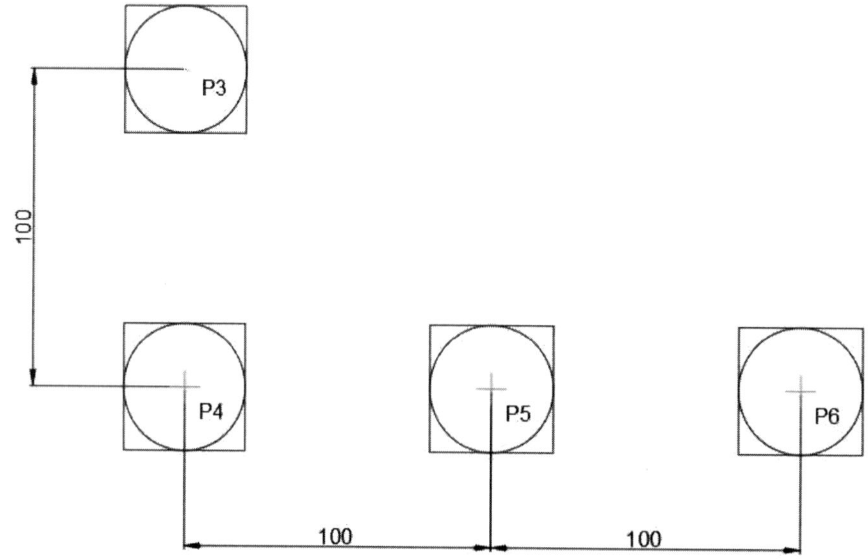

3. 이 동

☞ 도면상에서 선택된 객체를 지정된 거리, 방향으로 이동하는 명령

1) 명령 실행방법

- 명령 : M / Enter↵
- 메뉴 : 수정 〉 이동(V) /
- 리본 : 홈 탭 〉 수정 패널 > 이동 /

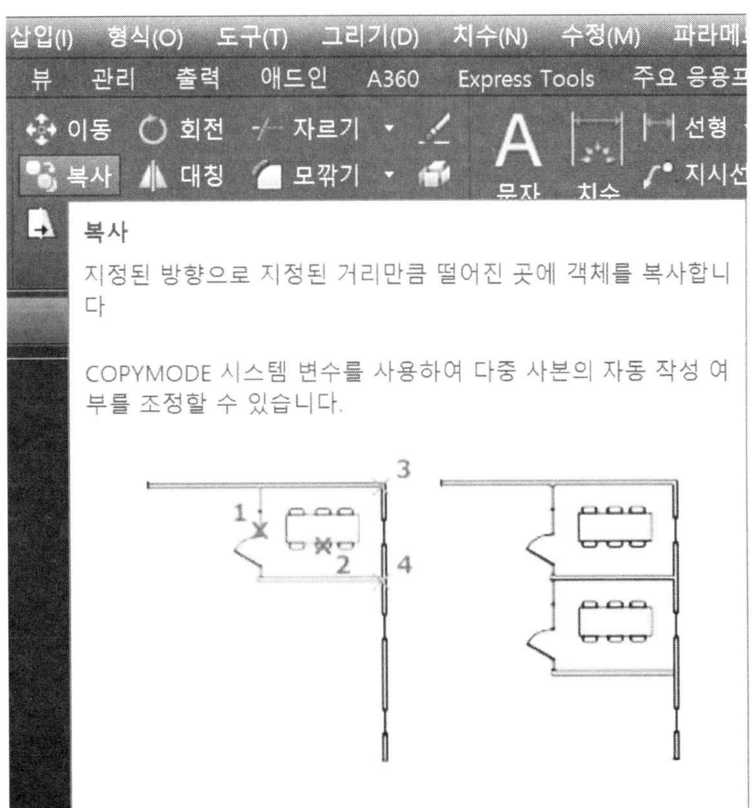

2) 이동 따라 하기

① 명령 : MOVE / Enter↵

② 객체선택 : 점 P1 click /

③ 객체선택 : 반대 구석 지정 : 점 P2 click /

④ 객체선택 : Enter↵ (선택이 완료되었으면)

⑤ 기본점 지정 또는 [변위(D) <변위> : P3 지정 /

⑥ 두 번째 점 지정 또는 <첫 번째 점을 변위로 사용> : P4 지정 /

◐ 원본 : 객체 선택

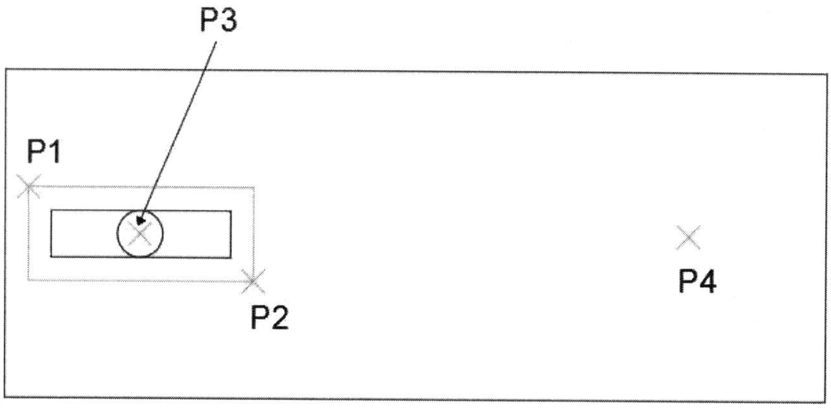

◐ 이동 결과

4. 회 전

☞ 도면상에서 선택된 객체를 지정된 기준점을 중심으로 회전한다.

☞ 지정된 각도, 객체 끌기, 절대 각도로 회전시킨다.

☞ 회전 각도 0도에서 360도까지이다.

☞ 라디안 값을 입력할 수 있다.

☞ 각도 값이 (+)이면 객체가 시계 반대 방향, (-)이면 시계 방향으로 회전한다.

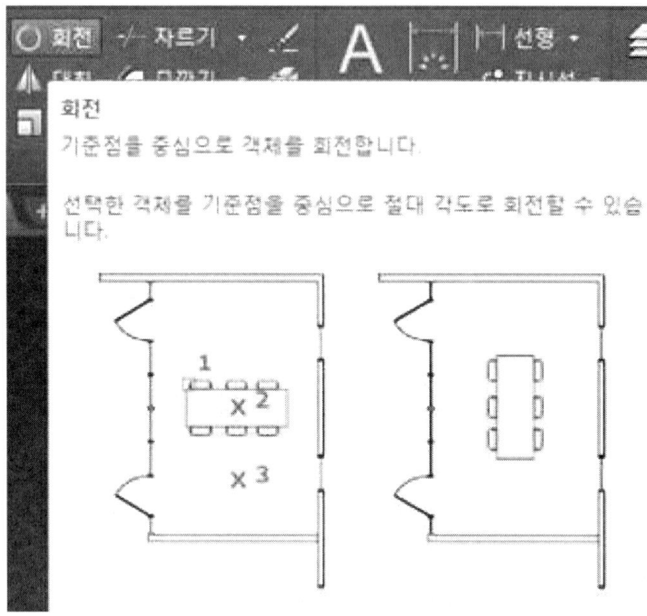

1) 명령 실행방법

- 명령 : ROTATE / Enter↵
- 메뉴 : 수정 › 회전 / 🖱
- 리본 : 홈 탭 › 수정 패널 > 회전 / 🖱

2) 회전 따라 하기

① 명령 : ROTATE / Enter↵

② 객체선택 : 회전 객체 지정 / 🖱

③ 객체선택 : Enter↵

④ 기준점 지정 :

⑤ 회전 각도 지정 또는 [복사(C) 참조(R) : 70 / Enter↵

◐ 원본

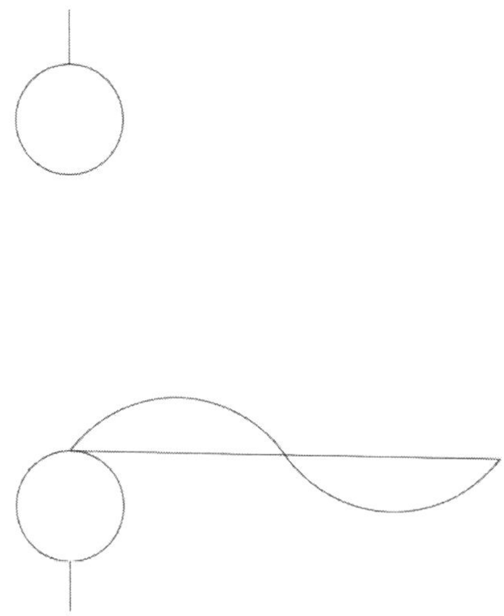

◐ 기준점, 회전값 지정 (70°)

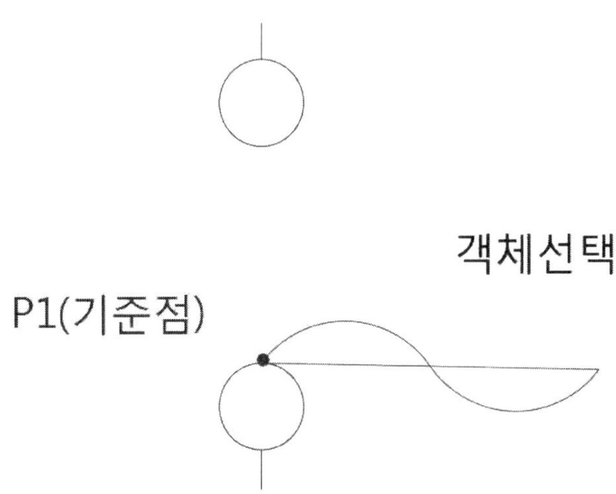

◐ 결과

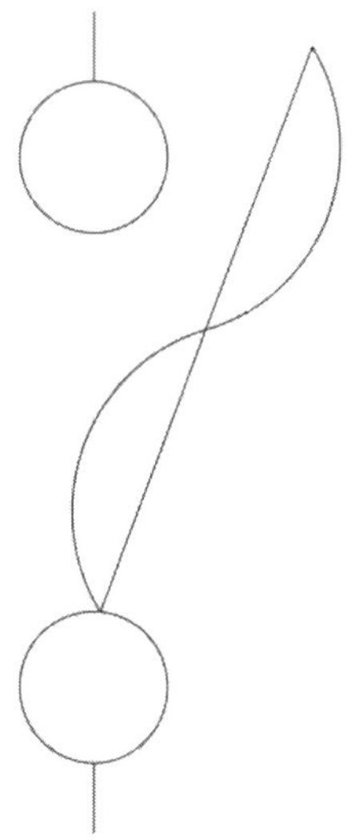

5. 축 척

☞ 도면상에서 선택된 객체를 지정된 비율로 축소 또는 확대한다.

☞ 축척의 기준점 및 축척 비율을 지정한다.

☞ 축척 후에도 실제 객체의 비율은 동일하다.

1) 명령 실행방법

- 명령 : SCALE / Enter↵
- 메뉴 : 수정 〉 축척 / 🖱

• 리본 : 홈 탭 〉 수정 패널 > 축척 / 🖱

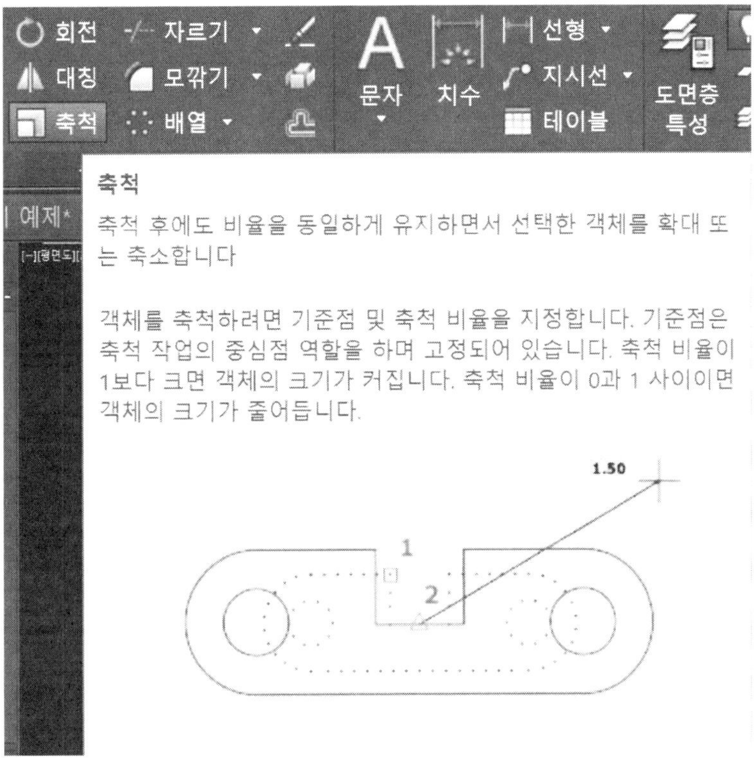

2) 축척 따라 하기

① 명령 : SCALE / Enter↵

② 객체선택 : Enter↵ (선택이 완료되었으면)

③ 기준점 지정 : 반대 구석 지정 : 점 P1 click / 🖱

④ 축척 비율 지정 또는, [복사(C) 참조(R)] : 0.5 / 🖱

⑤ 두 번째 점 지정 또는 [배열(A)] <첫 번째 점을 변위로 사용> : Enter↵ (종료)

◐ 원본

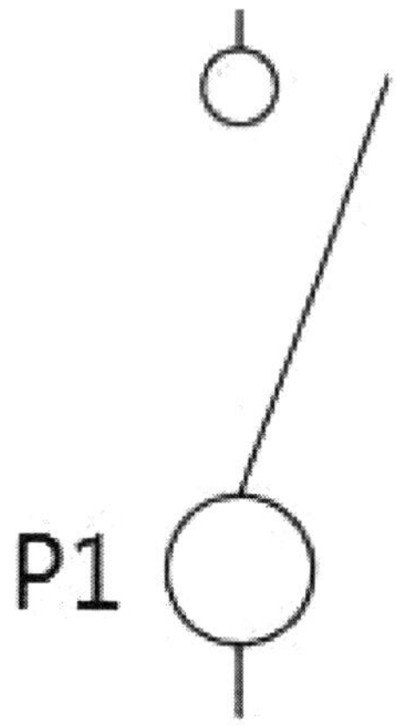

◐ 기준점, 축척 비율 지정 (P1, 0.5)

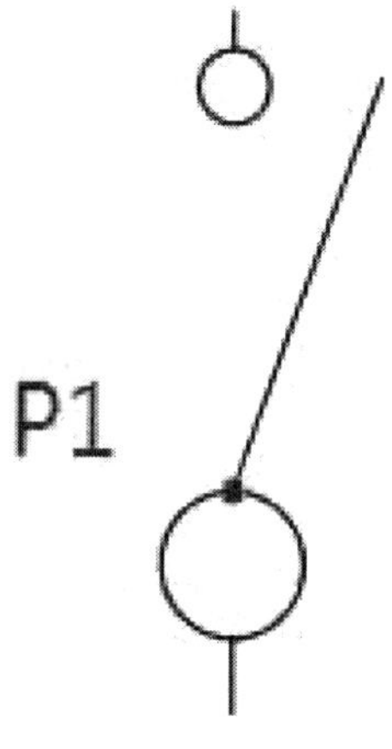

◐ 축척 결과

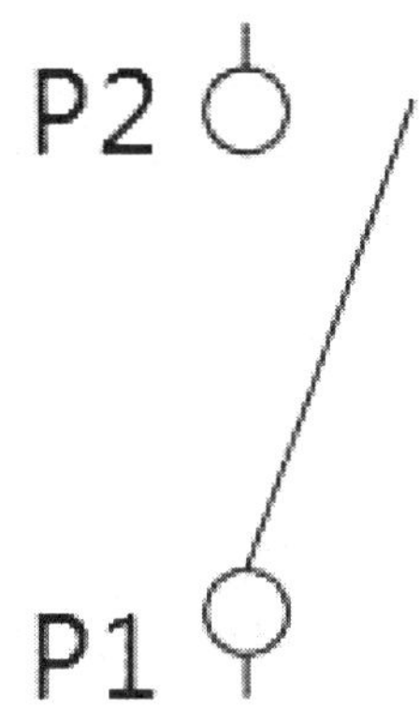

6. 간격 띄우기

☞ 도면상에서 선택된 객체를 지정된 거리만큼 간격을 띄워 복사한다.

☞ offset 명령은 반복되므로 종료시 Enter 키를 누른다.

1) 명령 실행방법

- 명령 : offset / Enter↵
- 메뉴 : 수정 〉 간격 띄우기 / 🖱
- 리본 : 홈 탭 〉 수정 패널 > 간격 띄우기 / 🖱

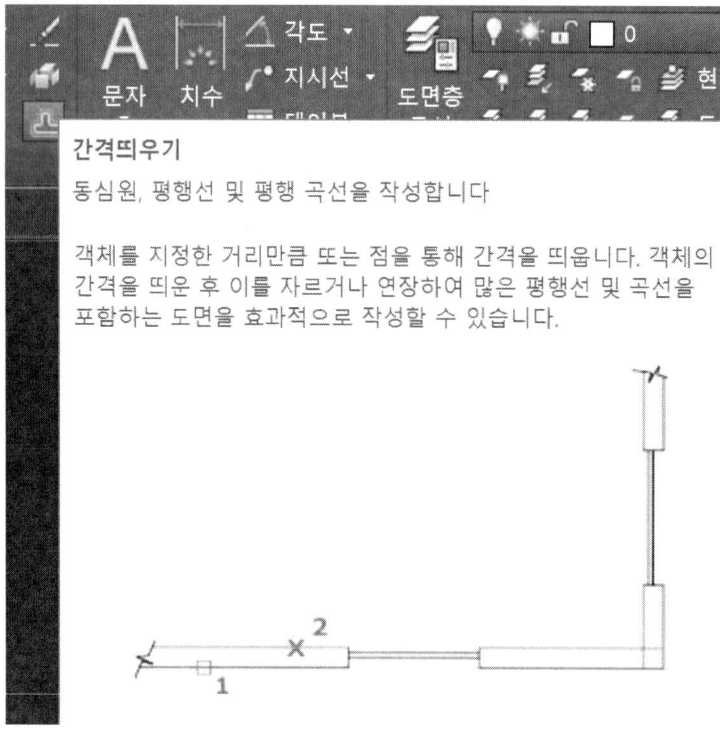

2) 간격 띄우기 따라 하기

① 명령 : offset / Enter↵

② 간격 띄우기 거리 지정 또는 [통과점(T) 지우기(E) 도면층(L) <통과점> : 10 / Enter↵

③ 간격 띄우기할 면의 점 지정 또는 [종료(E) 다중(M)] <종료> : P1 click / 🖱

④ 간격 띄우기를 할 객체선택 또는 [종료(E) 명령 취소(U)] <종료> : Enter↵

◐ 원본

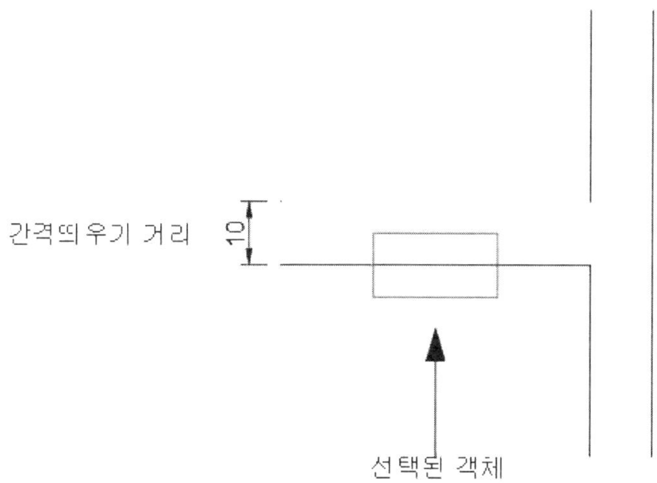

◐ 간격 띄우기 할 면 지정

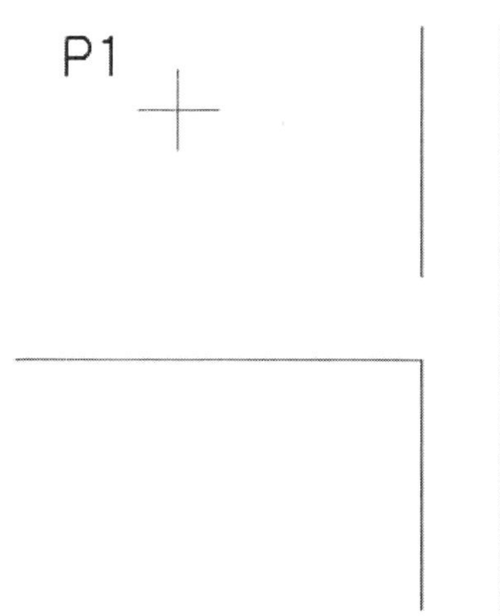

◐ 간격 띄우기 결과

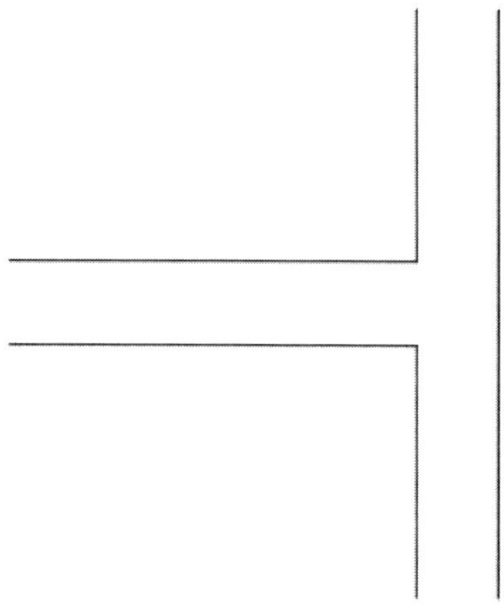

7. 배 열

☞ 도면상에서 선택된 객체가 다른 객체의 경계 밖으로 나온 부분을 잘라낸다.

1) 명령 실행방법

- 명령 : ARRAY / Enter↵
- 메뉴 : 수정 〉 배열 / 🖱
- 리본 : 홈 탭 〉 수정 패널 > 배열 / 🖱

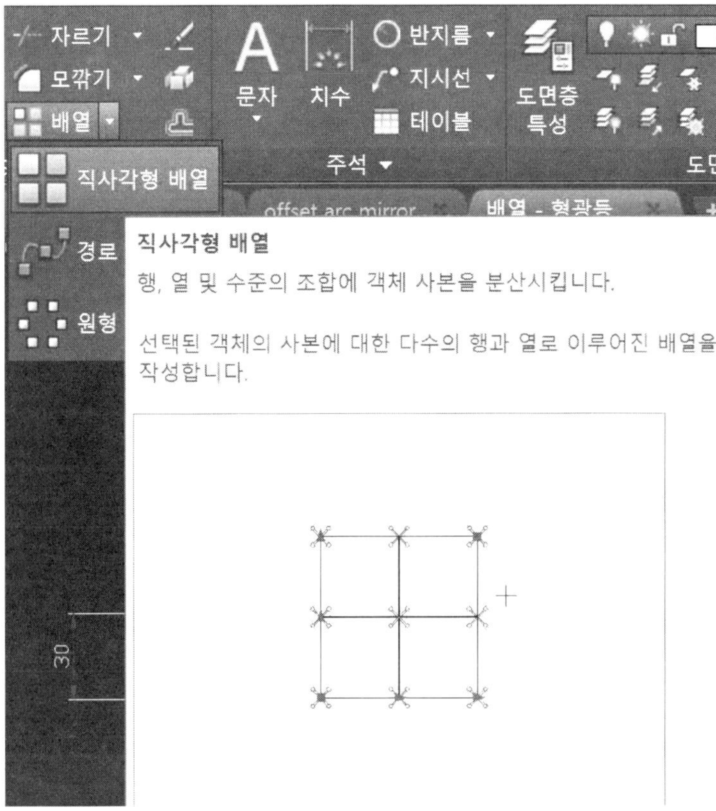

2) 직사각형 배열 따라 하기

① 명령 : ARRAY / Enter↵

② 객체선택 : 객체선택 후 / Enter↵

③ 배열 유형 입력 [직사각형(R) 경로(PA) 원형(PO)] <직사각형> : R / Enter↵

④ 그립을 선택하여 배열을 편집하거나 [연관(AS) 기준점(B) 개수(COU) 간격 두기(S) 열(COL) 행(R) 레벨(L) 종료(X)] <종료> : 배열 값 지정
(열 - 4, 열 사이 - 120, 행 - 3, 행 사이 - 70)

• 직사각형 배열 대화상자

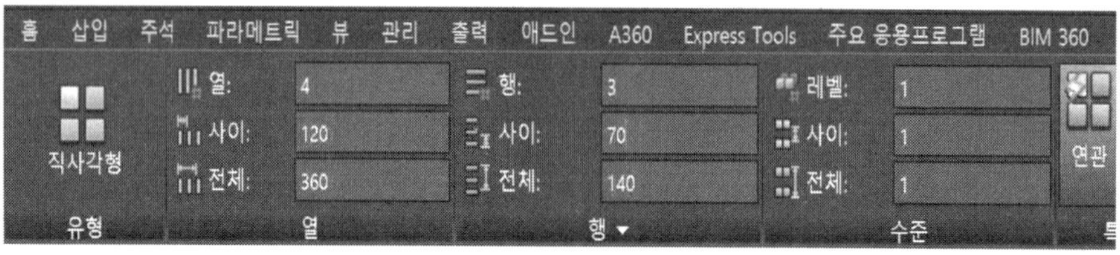

⑤ Enter↵ / 종료

◐ 직사각형 배열 전

◐ 직사각형 배열 결과

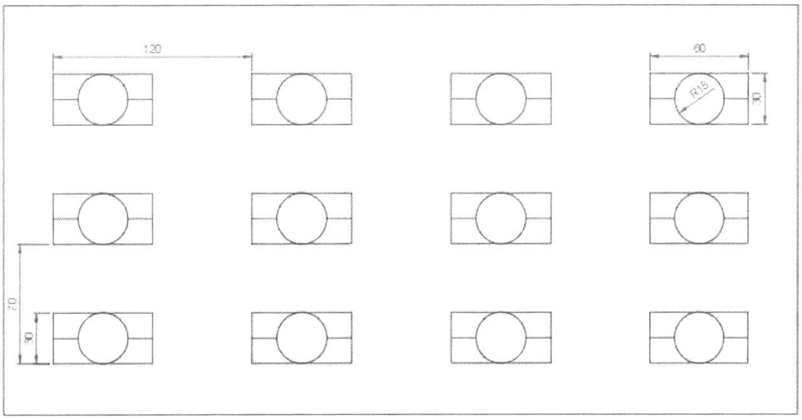

3) 원형 배열 따라 하기

① 명령 : ARRAY / Enter↵

② 객체선택 : 객체선택 후 Enter↵ / 🖱

③ 배열 유형 입력 [직사각형(R) 경로(PA) 원형(PO)] <직사각형> : PO / Enter↵

④ 배열의 중심점 지정 또는 [기준점(B) 회전축(A)] : 점 P1 지정 / 🖱

④ 그립을 선택하여 배열을 편집하거나 [연관(AS) 기준점(B) 항목(I) 사이의 각도(A) 채울 각도(F) 행(ROW) 레벨(L) 항목 회전(ROT) 종료(X)] <종료> : 배열 값 지정

(항목: 6, 채우기: 360)

- **원형 배열 대화상자**

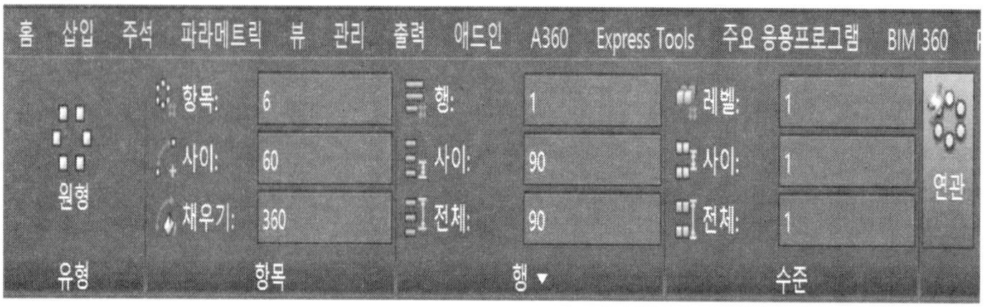

⑤ Enter↵ / 종료

◐ 원형 배열 전

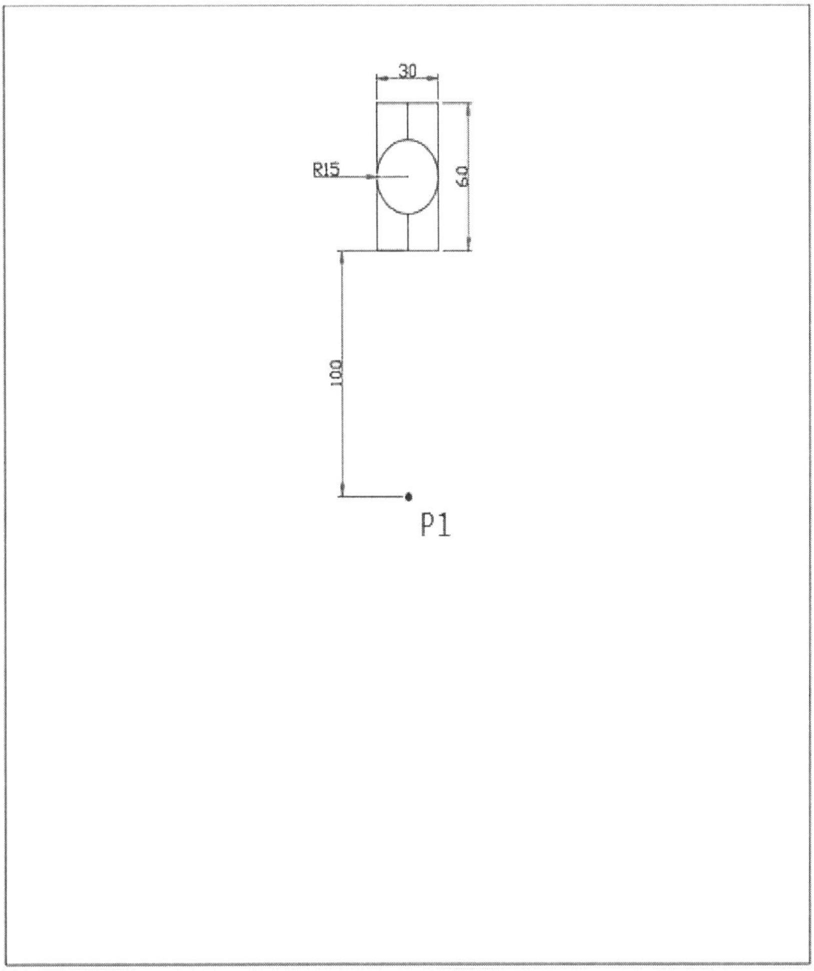

◐ 원형 배열 결과

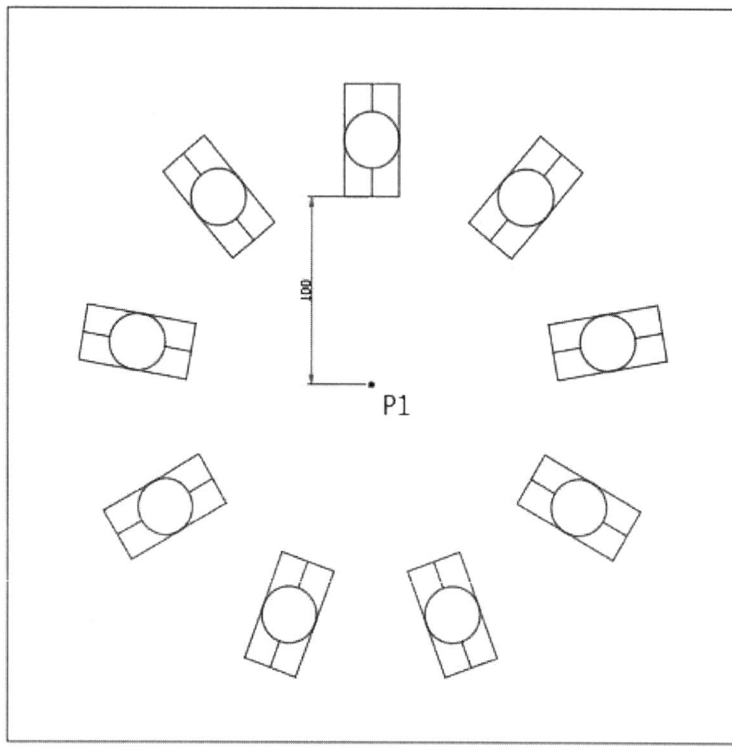

8. 모깎기

☞ 도면상에서 선택된 객체의 모서리를 둥글게 깍는다.

☞ 모깎기 곡률은 지정한 반경으로 정한다.

1) 명령실행 방법

- 명령 : FILLET / Enter↵
- 메뉴 : 수정 〉 모깎기 / 🖰
- 리본 : 홈 탭 〉 수정 패널 > 모깎기 / 🖰

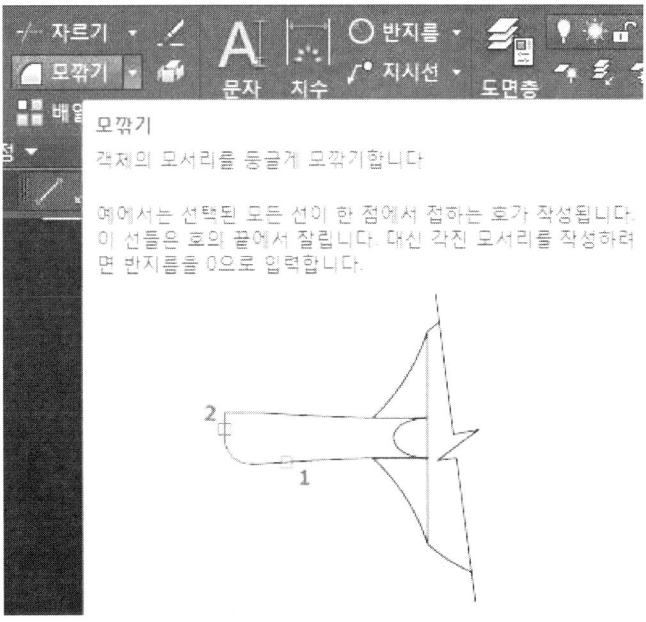

2) 모깎기 따라 하기

① 명령 : FILLET / Enter↵

② 첫 번째 객체선택 또는 [명령 취소(U) 폴리선(P) 반지름(R) 자르기(T) 다중(M)] : P1 click (첫 번째 객체선택) /

③ 두 번째 객체선택 또는 shift 키를 누른 채 선택하여 구석 적용 또는 [반지름(R)] : R / Enter↵

④ 모깍기 반지름 지정 <0.0000> : 20 / Enter↵

⑤ 두 번째 객체선택 또는 shift 키를 누른 채 선택하여 구석 적용 또는 [반지름(R)] : P2 click (두 번째) /

⑥ Enter↵ / FILLET 명령 재실행

⑦ 첫 번째 객체선택 또는 [명령 취소(U) 폴리선(P) 반지름(R) 자르기(T) 다중(M)] : P3 click (첫 번째 객체) /

⑧ 두 번째 객체선택 또는 shift 키를 누른 채 선택하여 구석 적용 또는 [반지름(R)] : R / Enter↵

⑨ 모깍기 반지름 지정 <20.0000> : 40 / Enter↵

⑩ 두 번째 객체선택 또는 shift 키를 누른 채 선택하여 구석 적용 또는 [반지름(R)] : P4 click (두 번째) /

◐ 객체

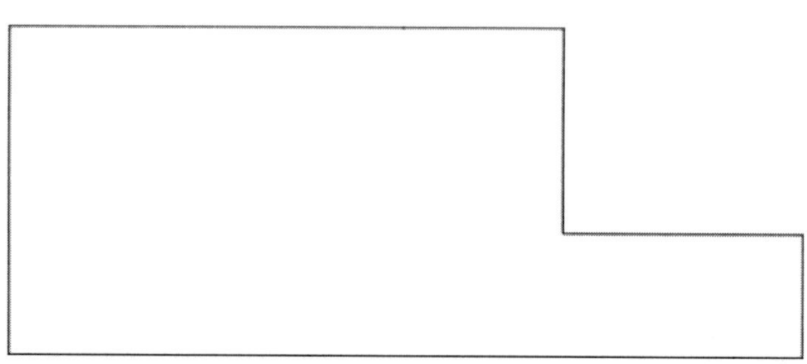

◐ 객체선택

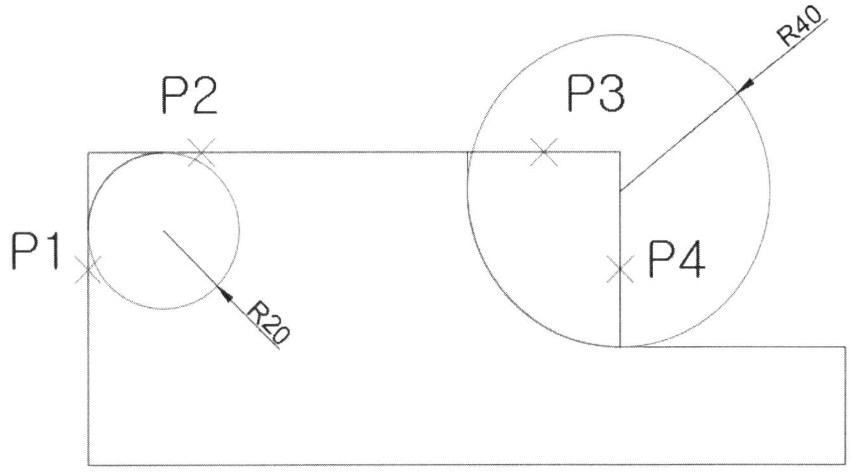

◐ 모깍기 결과

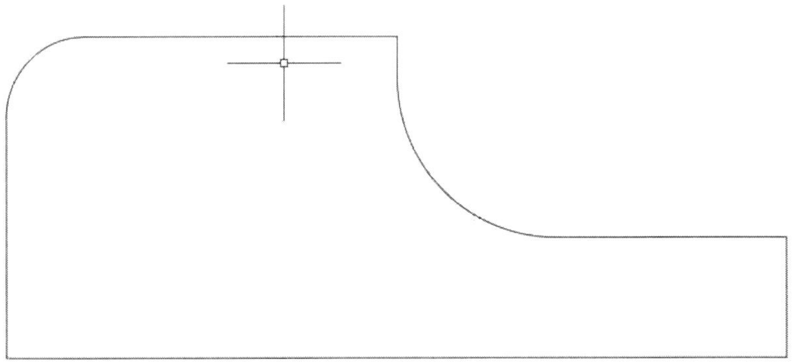

9. 모따기

☞ 도면상에서 선택된 객체의 모서리를 경사지게 깎는다.
☞ 지정한 거리와 같도는 객체를 선택한 순서대로 적용된다.

1) 명령 실행방법

- 명령 : CHAMFER / Enter↵
- 메뉴 : 수정 〉 모따기 / 🖱
- 리본 : 홈 탭 〉 수정 패널 > 모따기 / 🖱

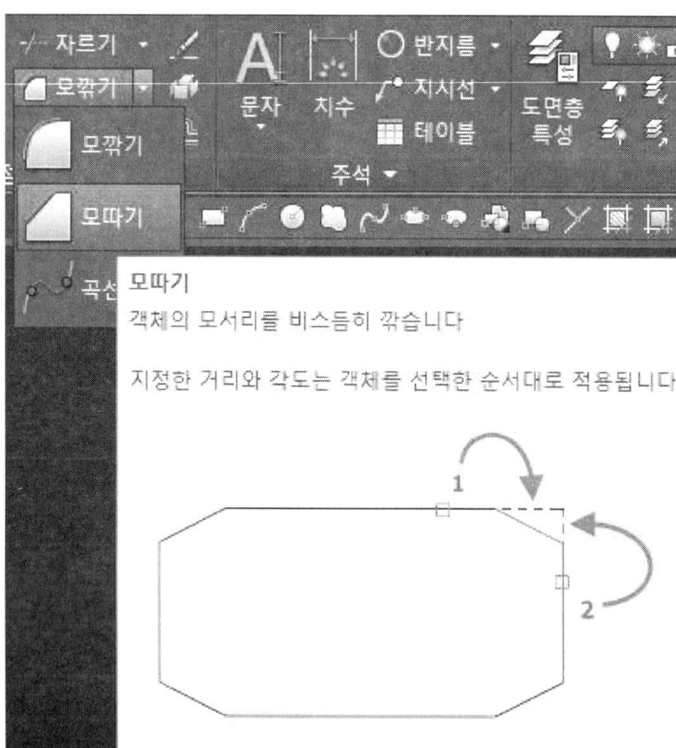

2) 모따기 따라 하기

① 명령 : CHAMFER / Enter↵

② 첫 번째 객체 선택 또는 [명령 취소(U) 폴리선(P) 거리(D) 각도(A) 자르기(T) 메서드(E) 다중(M)] : D / Enter↵

③ 첫 번째 모따기 거리 지정 <0.0000> : 20 / Enter↵

④ 두 번째 모따기 거리 지정 <0.0000> : 40 / Enter↵

⑤ 첫 번째 선 선택 또는 [명령 취소(U) 폴리선(P) 거리(D) 각도(A) 자르기(T) 메서드(E) 다중(M)] : P1 click (첫 번째 선 선택) / 🖱

⑥ 두 번째 선 선택 또는 [명령 취소(U) 폴리선(P) 거리(D) 각도(A) 자르기(T) 메서드(E) 다중(M)] : P2 click (첫 번째 선 선택) / 🖱

⑦ Enter↵ / CHAMFER 명령 재실행

⑧ 첫 번째 객체선택 또는 [명령 취소(U) 폴리선(P) 거리(D) 각도(A) 자르기(T) 메서드(E) 다중(M)] : D / Enter↵

⑨ 첫 번째 모따기 거리 지정 <20.0000> : 30 / Enter↵

⑪ 두 번째 모따기 거리 지정 <30.0000> : 20 / Enter↵

⑫ 첫 번째 선 선택 또는 [명령 취소(U) 폴리선(P) 거리(D) 각도(A) 자르기(T) 메서드(E) 다중(M)] : P3 click (첫 번째 선 선택) / 🖱

⑬ 두 번째 선 선택 또는 shift 키를 누른 채 선택하여 구석 적용 또는 [거리(D) 각도(A) 메서드(M)] : P4 click (두 번째 선 선택) / 🖱

◐ 객체선택

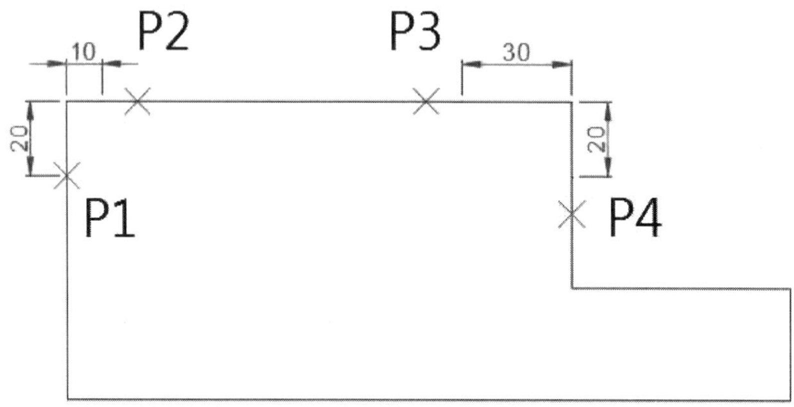

◐ 모따기 결과

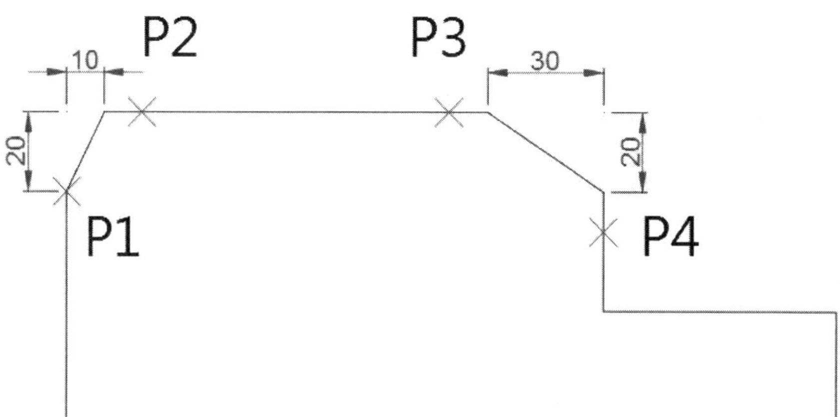

▼ Offset

- Line, Offset, Trim, Arc, Mirror

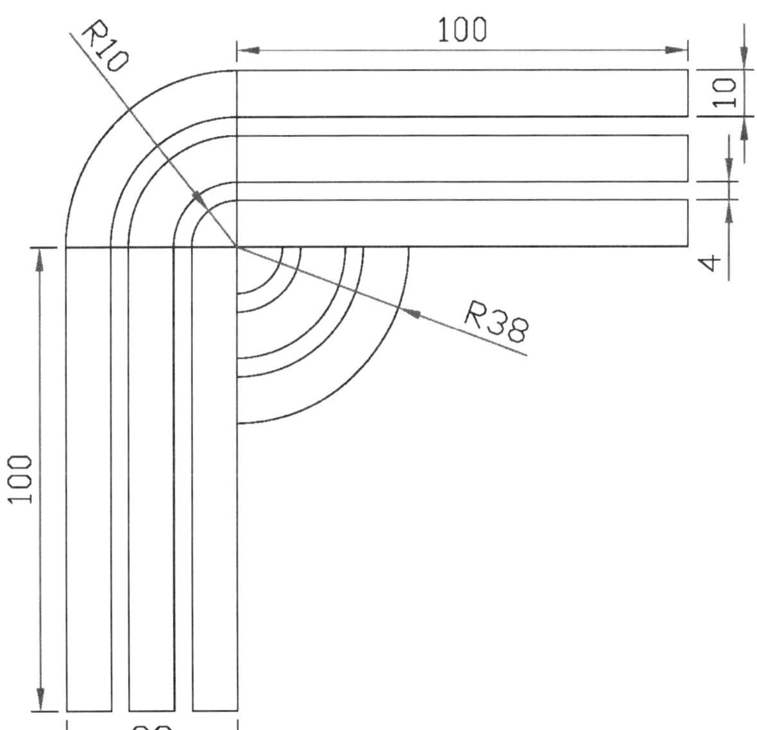

▼ 전기 접점 그리기

- Line, Trim, Circle, Arc, Rotate, Hatch

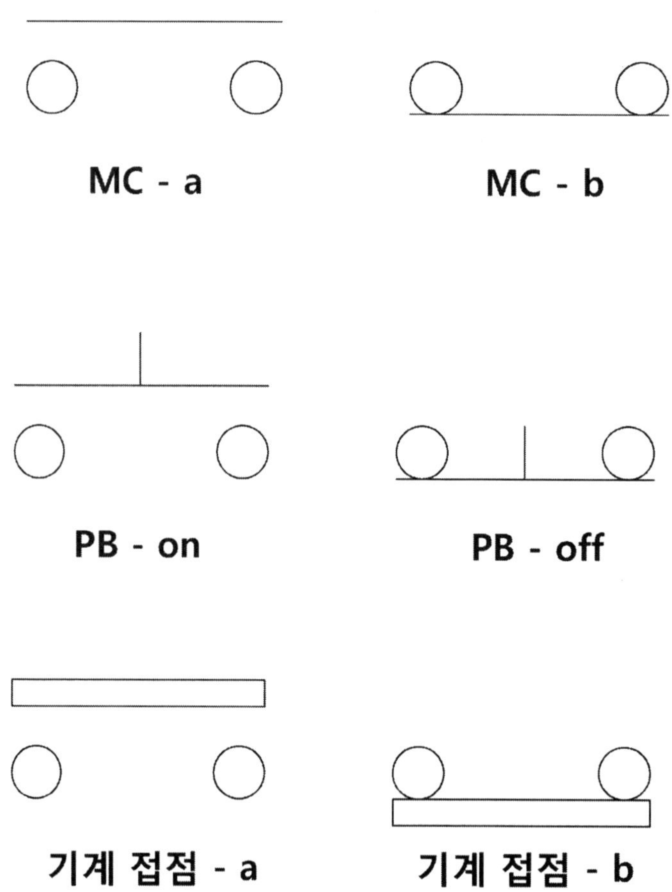

▼ 전기 접점 그리기

- Line, Trim, Circle, Arc, Rotate, Hatch

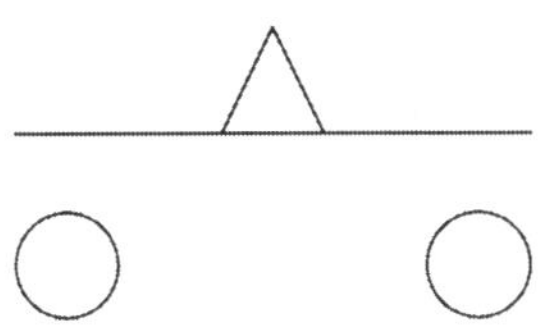

한시 - a

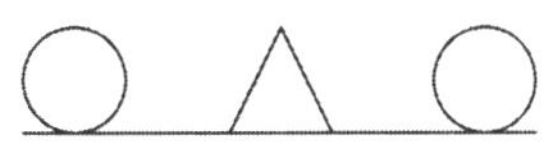

한시 - b

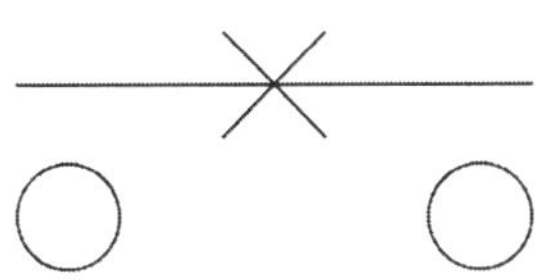

THR - a

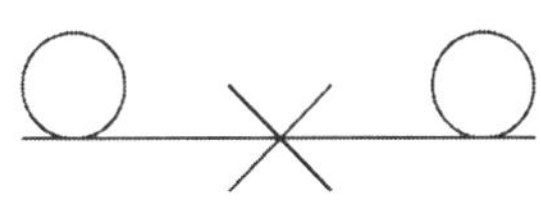

THR - b

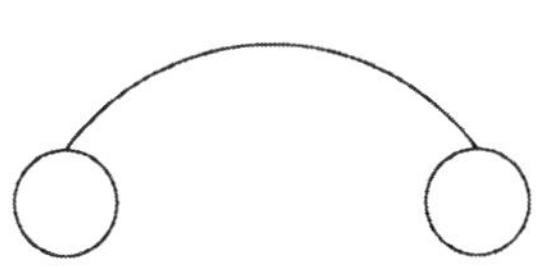

Circuit Breaker

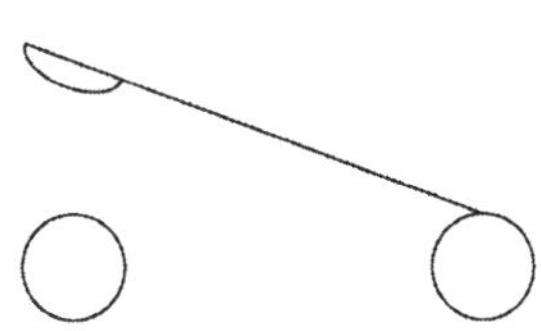

MC

▼ 전기 Symbol 그리기

- Line, Trim, Circle, Arc, Rotate

개방형 퓨즈

비상등

콘센트

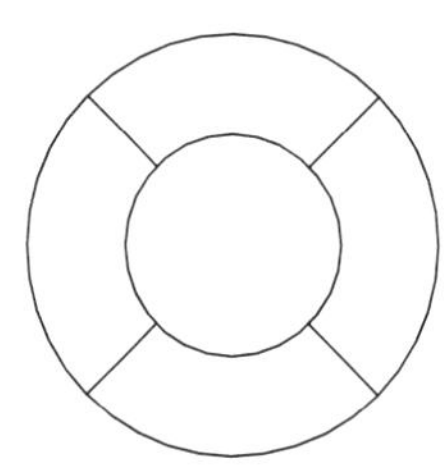

옥외등

NFB

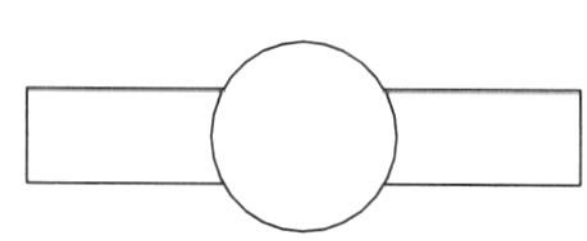

형광등

제 5 장

문 자

1. 다중 행 문자

☞ 길고 복잡한 여러 줄로 구성된 문자를 입력할 때 사용
☞ 도면상 문자를 입력할 위치와 영역을 지정
☞ 문자입력 대화상자의 지정된 폭에 맞춰 문자를 입력할 때 사용
☞ 문자의 특성(글씨체, 크기 등)을 자유롭게 지정

1) 명령 실행방법

- 명령 : MTEXT / Enter↵
- 메뉴 : 그리기 〉 문자 〉 여러 줄 문자 / 🖱
- 리본 : 주석 탭 〉 문자 패널 > 여러 줄 문자 / 🖱

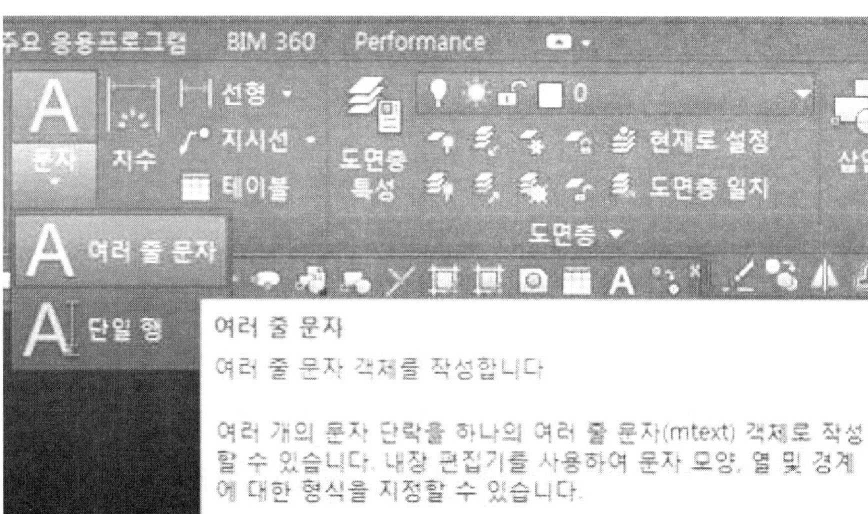

2) 다중 행 문자 따라 하기

① 명령 : MTEXT / Enter↵

② 첫 번째 구석 지정 : 문자 기입용 글상자의 모서리 점 P1 지정

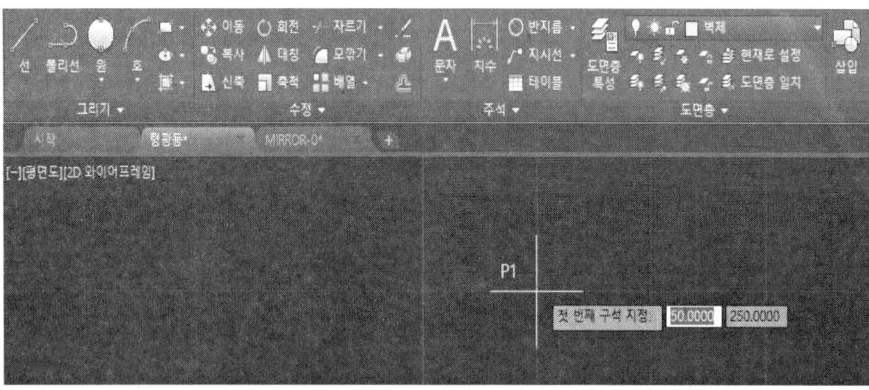

③ 반대 구석 지정 또는 [높이(H)/자리 맞추기(J)/선 간격 두기(L)/회전(R)/스타일(S)/폭(W)/열(C)] : 글 상자의 대각선 반대 모서리 점 P2 지정

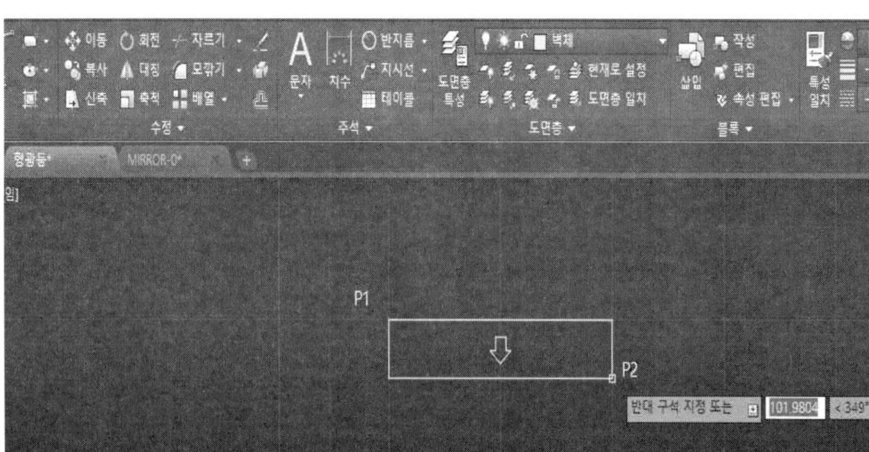

④ 문자입력 대화상자에 문자 기입

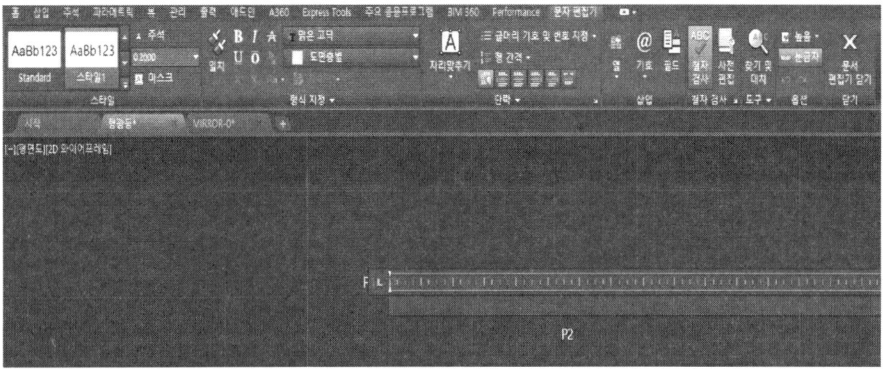

2. 단일 행 문자

☞ 한 줄로 구성된 문자를 입력할 때 사용
☞ 도면상 문자를 입력할 시작점 위치를 지정
☞ 문자의 높이를 지정하여 사용
☞ 문자의 회전 각도를 지정하여 사용

1) 명령 실행방법

- 명령 : TEXT / Enter↵
- 메뉴 : 그리기 〉 문자 〉 단일행 문자 /
- 리본 : 주석 탭 〉 문자 패널 > 단일행 문자 /

2) 단일행 문자입력 따라 하기

① 명령 : TEXT / Enter↵

② <현재 문자 스타일 : 'Standard' 문자 높이 '2.5'
문자의 시작점 지정 또는 [자리 맞추기(J)/스타일(S)] : 시작점 P1 지정 /

③ 높이 지정 <2.5000> : 5 / Enter↵

④ 문자의 회전 각도 지정 <0> : 0 / Enter↵

⑤ 문자입력 : 'AutoCAD 실습' / - TEXT 입력

⑥ 문자입력 : Enter↵ - 종료

3. 문자 스타일

☞ 도면에 문자를 입력하면 AutoCAD의 현재 지정된 문자 스타일로 나타난다.
☞ AutoCAD의 기본 문자 스타일은 “STANDARD”이다.
☞ 문자를 다른 문자 스타일로 변경한다.
☞ 문자 스타일 요소는 글꼴, 크기, 각도, 방향 등이 있다.

1) 명령 실행방법

- 명령 : STYLE / Enter↵
- 메뉴 : 형식 〉 문자 스타일 /
- 리본 : 주석 탭 〉 문자 패널 > 문자 스타일 /

2) 문자 스타일 창

① 스타일 선택

② 글꼴 선택 : 투루타입 글꼴 사용 (@가 붙은 글꼴은 90° 누워있음)

③ 높이 : 문자 높이 설정

④ 기울기 각도 : 문자의 기울기 설정

⑤ 폭 비율 : 글자 폭 설정

⑥ 현재설 정 선택 : 선택한 문자 스타일에 지정한 글꼴, 높이, 기울기 각도, 폭 비율로 저장

⑦ 새로 만들기 : 새로운 문자 스타일을 등록하며, 자동으로 지정된 이름이나 새 이름을 입력하고 선택하면 현재 스타일 설정이 새 스타일 이름에 적용된다.

4. 문자 수정하기

1) TEXT 문자의 수정

① ddedit / Enter↵

② 주석 객체선택 또는 [모드]: 수정할 문자를 더블클릭 (선택 후 한 번 클릭)

③ 문자 수정

④ Enter↵ / 종료

2) MTEXT 문자의 수정

① ddedit / Enter↵

② 주석 객체 선택 또는 [모드]: 수정할 문자를 더블클릭
(문자 편집기 대화상자 pop up)

③ 문자 편집기 대화상자에서 문자 스타일 수정

④ 문자 편집기 대화상자 종료 / 🖱

3) AutoCAD에서 쓰이는 문자

① 트루타입 글꼴과 확장자 SHX 글꼴 사용

② 표제란 - 트루타입 글꼴, 도면 - SHX 글꼴

트루타입 글꼴	바탕체, 굴림체, 돋움체
SHX 글꼴	txt, shx, whgtxt, shx

4) 특수기호

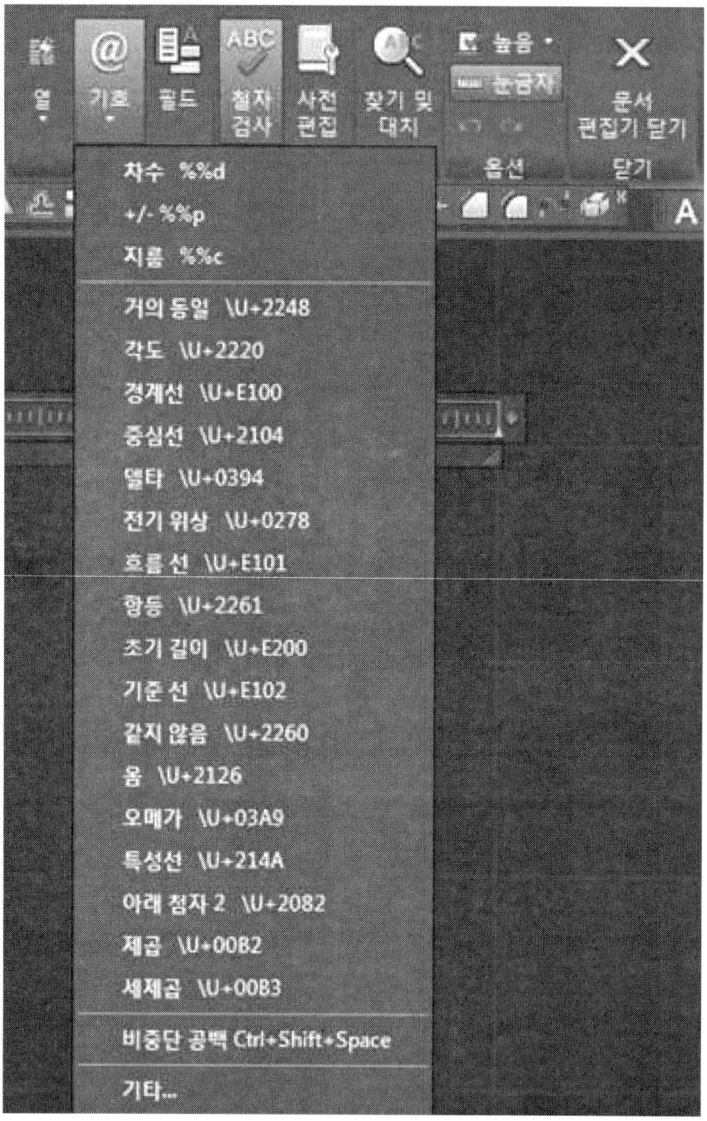
기호
필드
철자 검사
사전 편집
찾기 및 대치
눈금자
문서 편집기 닫기
옵션
닫기
차수 %%d
+/- %%p
지름 %%c
거의 동일 \U+2248
각도 \U+2220
경계선 \U+E100
중심선 \U+2104
델타 \U+0394
전기 위상 \U+0278
흐름 선 \U+E101
항등 \U+2261
초기 길이 \U+E200
기준 선 \U+E102
같지 않음 \U+2260
옴 \U+2126
오메가 \U+03A9
특성선 \U+214A
아래 첨자 2 \U+2082
제곱 \U+00B2
세제곱 \U+00B3
비중단 공백 Ctrl+Shift+Space
기타...

▼ TEXT 입력하기

- MTEXT, Line
- 문자 스타일 – standard, 글꼴 – Arial, 문자높이 – 50

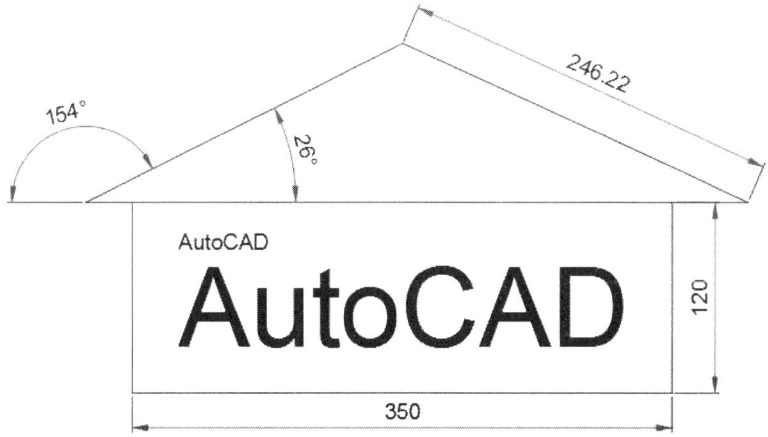

제 6 장

치수 기입

제 6 장

[illegible]

1. 치수 스타일

☞ 기입 할 치수의 유형(문자 및 화살표)을 설정, 편집

1) 명령실행 방법

- 명령 : DIMSTYLE / Enter↵
- 메뉴 : 형식 〉 문자 〉 치수 스타일 / 🖰
- 리본 : 주석 탭 〉 주석 > 치수 스타일 / 🖰

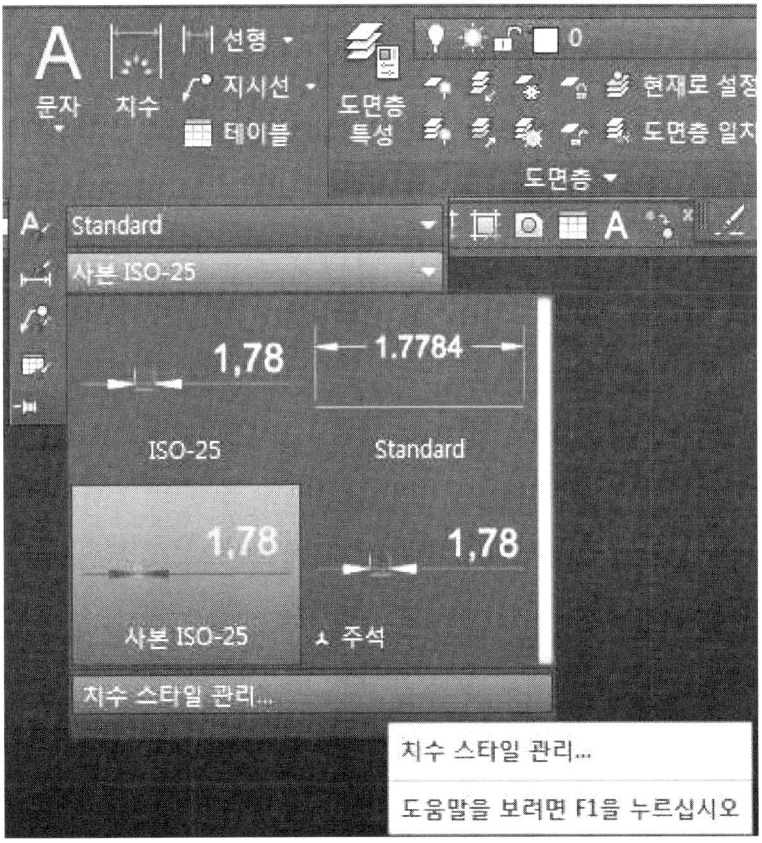

2) 치수스타일 관리자 창

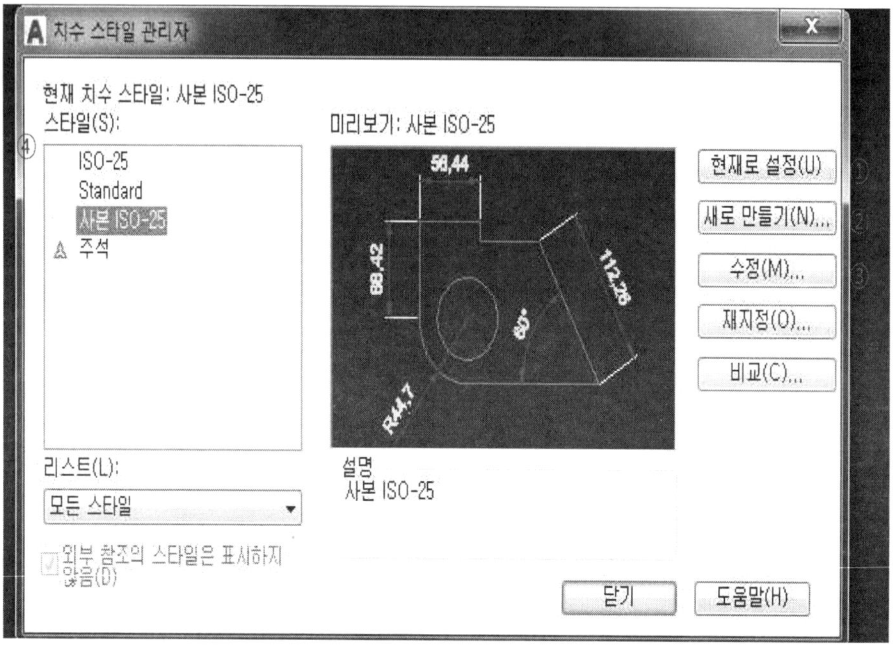

① 현재 설정 : 사용할 치수 스타일을 선택한 후 현재 사용한다.

② 새로 만들기 : 새로운 치수 스타일을 만들 때 사용한다.

③ 수정 : 치수 스타일을 수정할 때 사용한다.

④ ISO-25, Standard, 주석 등 3개의 치수 스타일이 정의되어 있다. 현재의 치수 스타일이 강조

3) 치수 스타일 새로 만들기

① 치수 스타일 관리자 창에서 새로 만들기 선택 /

② 새 스타일 이름 입력 : ‘사본ISO-25’입력 / Enter↵

③ 시작 : 참조할 스타일 선택 → ‘ISO-25’ 선택 / 🖱

④ 계속 : 선택 / 🖱

⑤ 새 치수 스타일 창 OPEN

⑥ 설정 및 수정

⑦ 확인 선택하여 종료 / 🖱

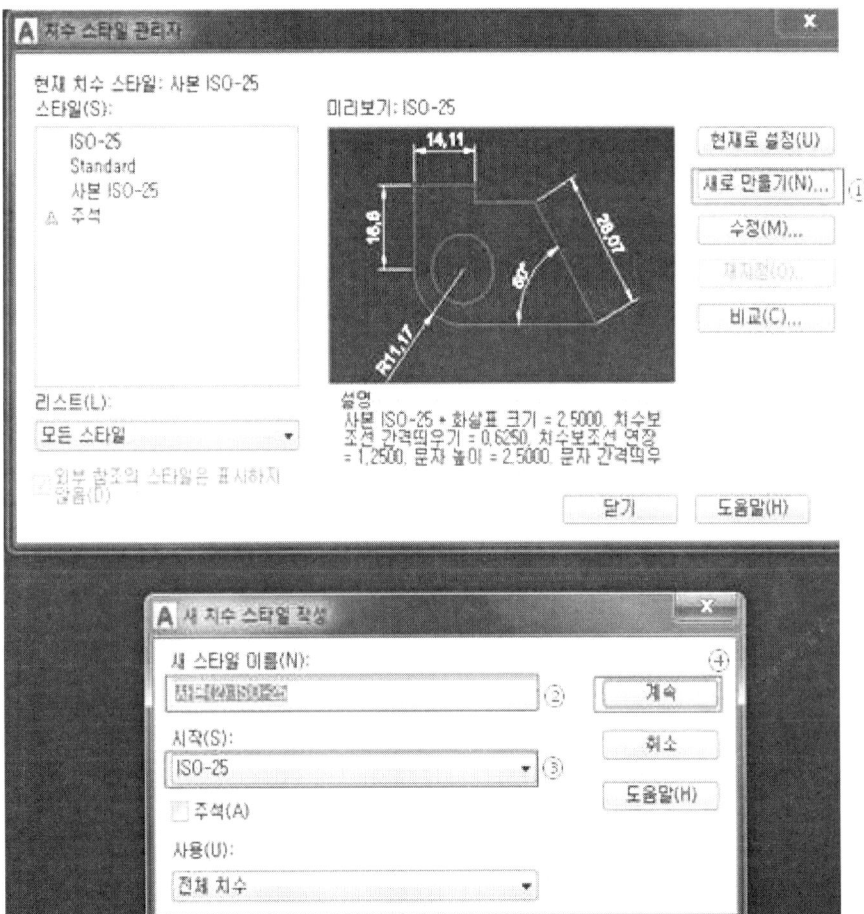

4) 치수 스타일 수정

❏ 치수선, 치수보조선 수정

① 색상 : 치수선, 치수보조선의 색상을 설정

② 색상 리스트에서 '색상선택' 선택 색상선택 대화상자에서 선택

③ 선 가중치 : 선의 굵기 선택

④ 치수선 너머로 연장 : 치수선 위로 치수보조선을 연장할 거리 지정

⑤ 원점에서 간격 띄우기 : 도면의 치수를 정의하는 점으로부터 간격 띄우기를 할 거리 지정

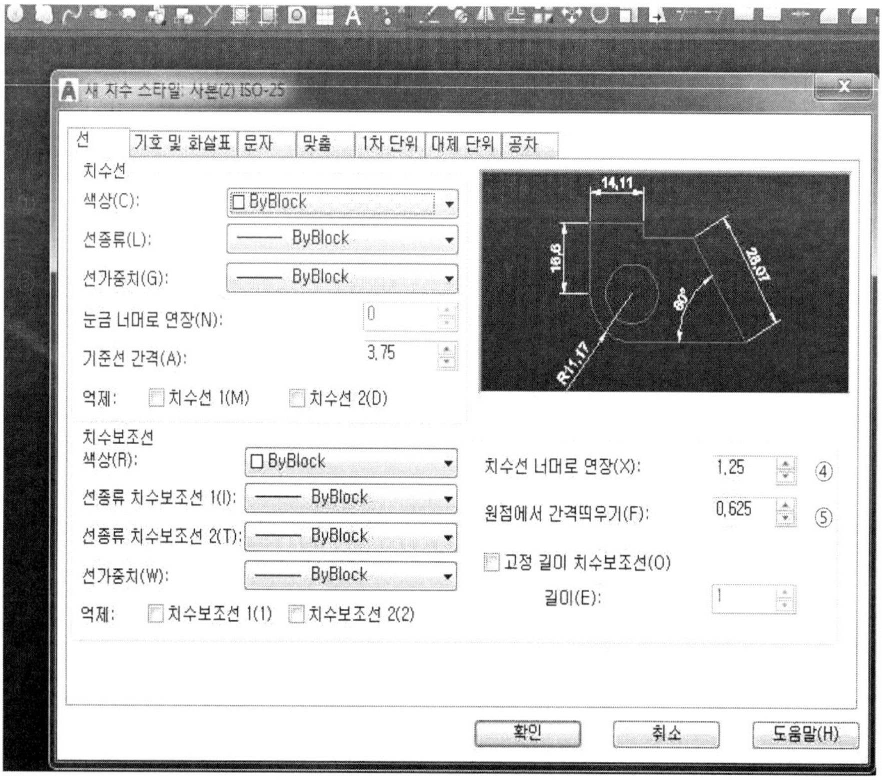

• 색상선택 대화상자

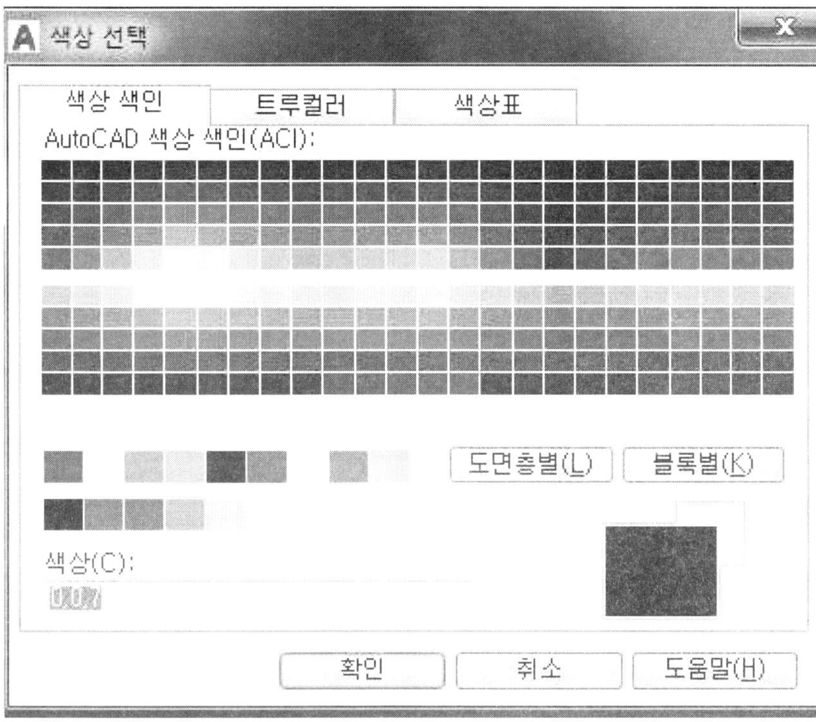

❑ 기호 및 화살표 수정

① 화살촉 : 첫 번째 치수선, 두 번째 치수선, 지시선에 사용할 화살촉의 모양 설정

② 화살표 : 화살표의 크기 설정

③ 치수 끊기 : 치수 끊기에 사용되는 간격의 크기 설정

④ 반지름 꺾기 치수 : 꺾어진 반지름 치수에서 치수선의 횡단 세그먼트 각도 설정

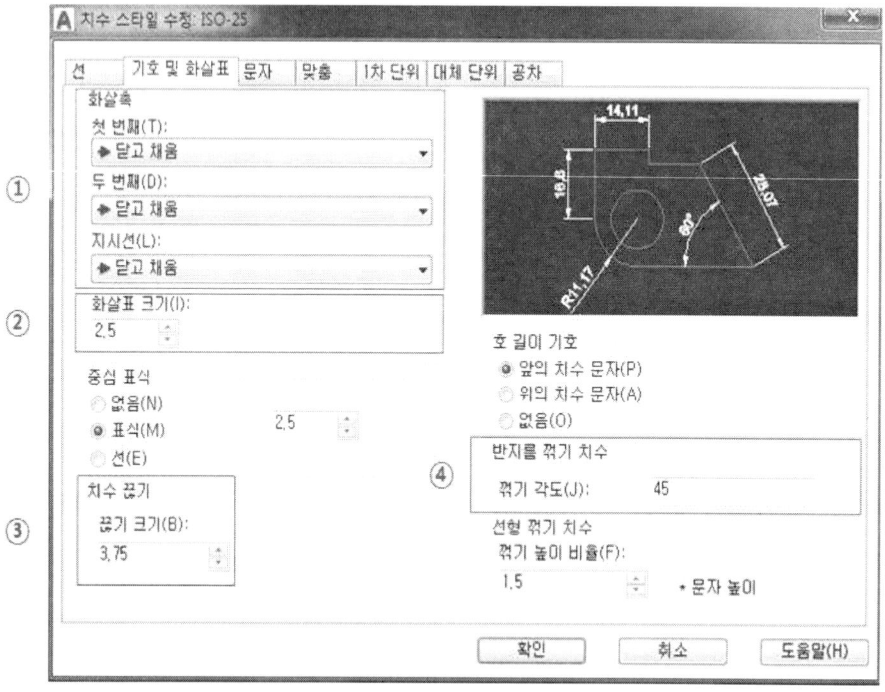

❑ 문자 수정

① 문자 스타일 : 치수 문자 스타일 선택

② 문자 색상 : 치수 문자의 색상 설정

③ 문자 높이 : 현재 치수 문자 스타일의 높이(크기) 설정
문자 상자dp 값 입력
보통 화살표 크기와 동일하게 설정

④ 문자 배치 : 치수선에 문자 배치 방법 설정

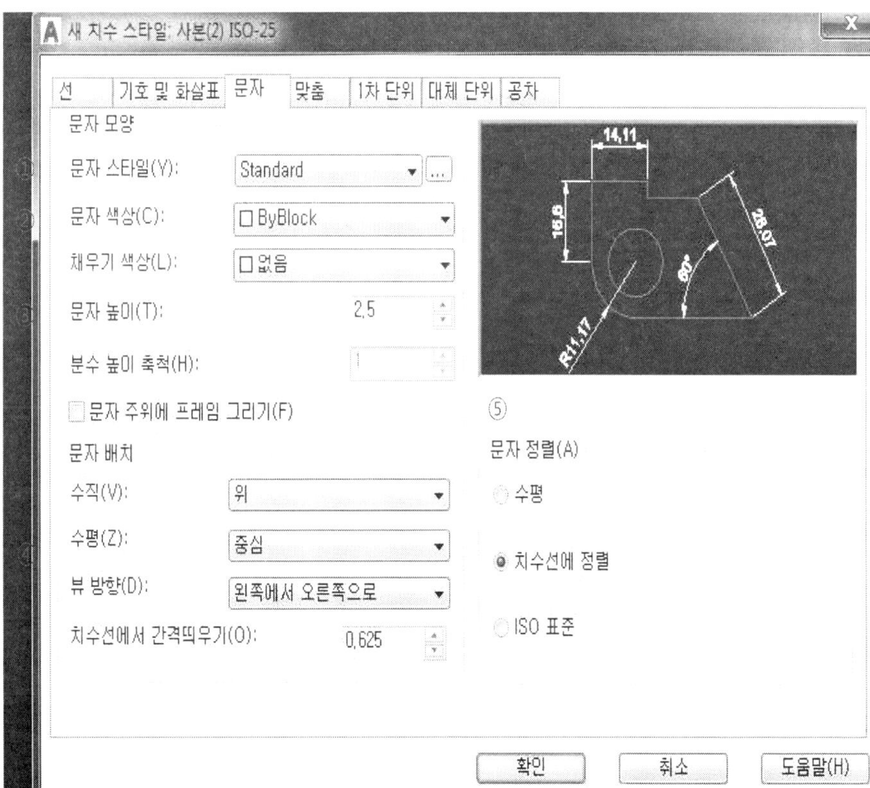

2. 치수 기입

☞ 기입 할 치수의 유형(문자 및 화살표)을 설정, 편집

- 명령 : DIM / Enter↵
- 메뉴 : 치수 /
- 리본 : 주석 탭 〉 치수 /

1) 선형(DIMLINEAR - DIMLIN)

선형 치수를 작성

수평, 수직, 회전 치수선과 함께 치수 작성

- 명령 : DIMLIN / Enter↵
- 메뉴 : 치수 / 선형 /
- 리본 : 주석 탭 〉 선형 /

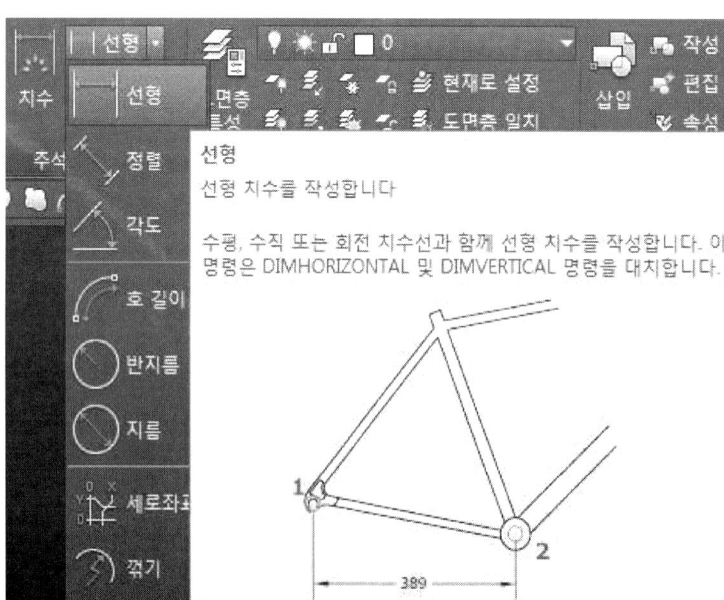

① 첫 번째 치수보조선 원점 지정 또는 <객체 선택> : P1 Click /

② 두 번째 치수보조선 원점 지정 : P2 Click /

③ 치수선 위치 지정 또는 [여러 줄 문자(M) 문자(T) 각도(A) 수평(H) 수직(V) 회전(R)] : P3 Click /

2) 정렬(DIMALIGNED - DIMALI)

☞ 선형 치수를 작성

수평, 수직, 회전 치수선과 함께 치수 작성

- 명령 : DIMALIGNED / Enter↵
- 메뉴 : 치수 / 정렬 / 🖱
- 리본 : 주석 탭 〉 정렬 / 🖱

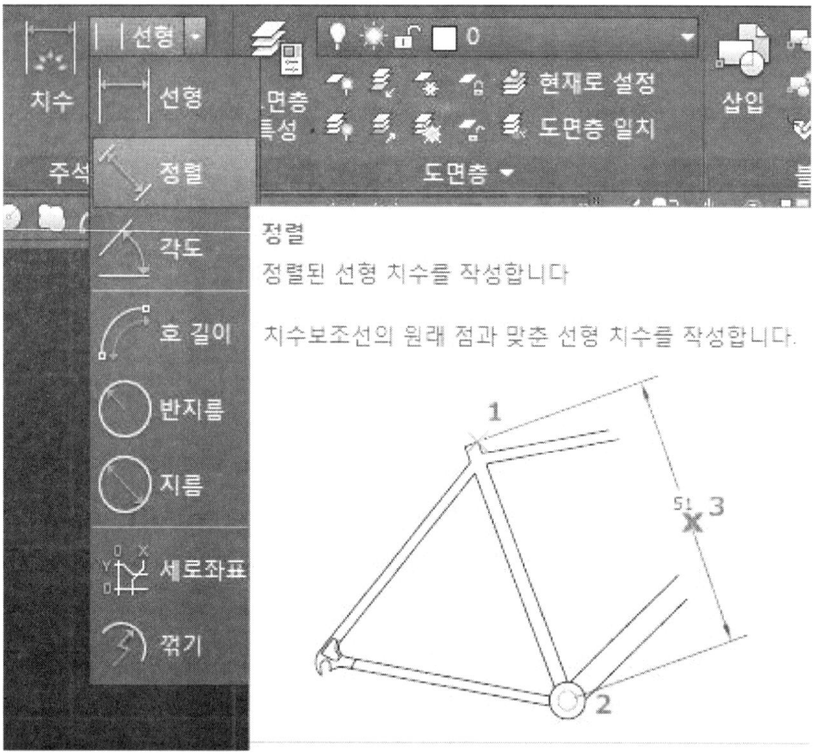

① 첫 번째 치수보조선 원점 지정 또는 <객체선택> : P1 Click / 🖱

② 두 번째 치수보조선 원점 지정 : P2 Click / 🖱

③ 치수선 위치 지정 또는 [여러 줄 문자(M) 문자(T) 각도 (A) 수평(H) 수직(V) 회전(R)] : P3 Click / 🖱

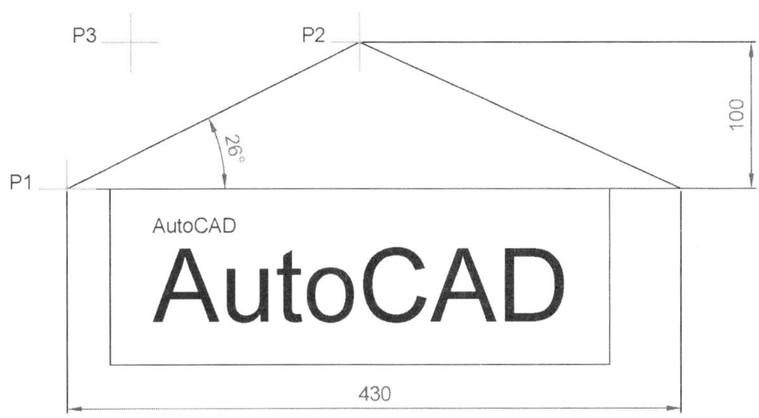

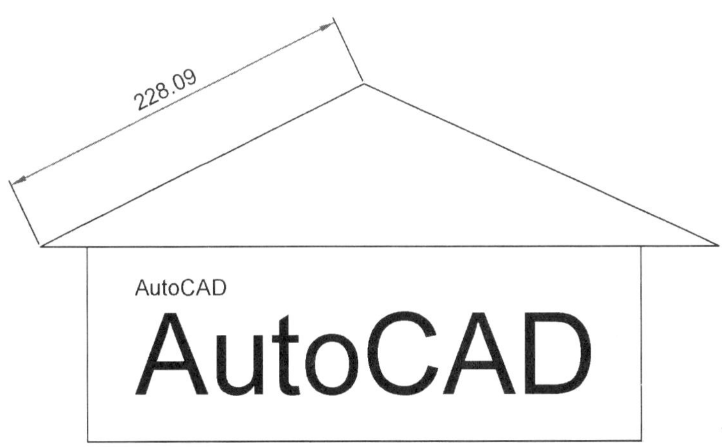

3) 반지름 치수 측정

☞ 원 또는 호의 반지름 치수를 작성한다.

☞ 치수 문자는 반지름 기호와 같이 원이나 호 앞에 표시한다.

- 명령 : DIMRADIUS / Enter↵
- 메뉴 : 치수 / 반지름 / 🖱
- 리본 : 주석 탭 / 반지름 / 🖱

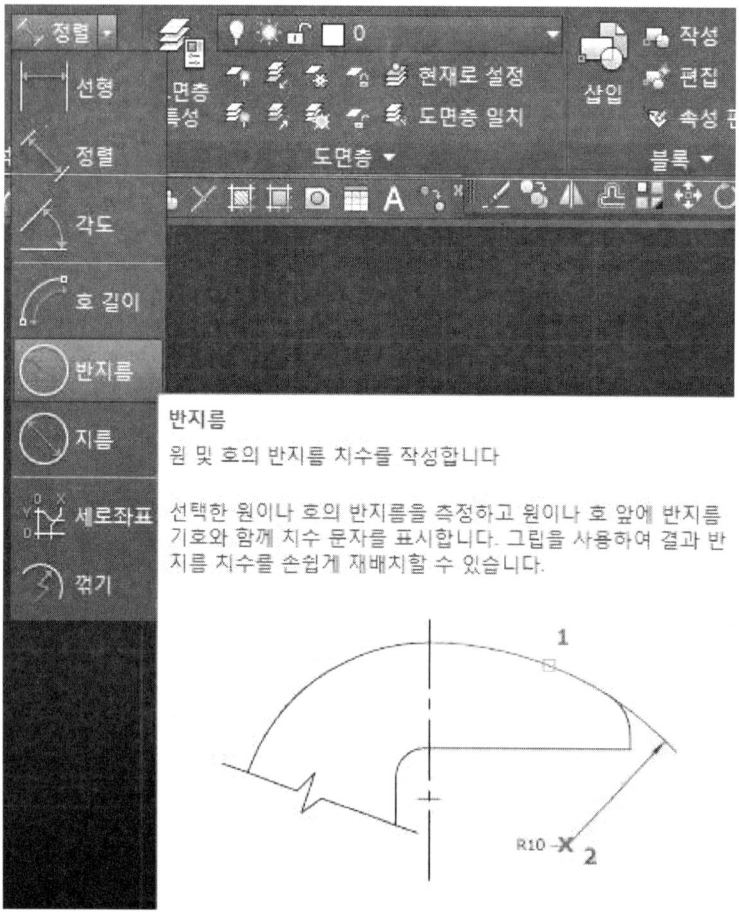

① DIMRADIUS / Enter↵

② 호 또는 원 선택 : P1

③ 치수선의 위치 지정 또는 [여러 줄 문자(M) 문자(T) 각도 (A)] : P2 or P3 click / 🖱

◐ P2 지정

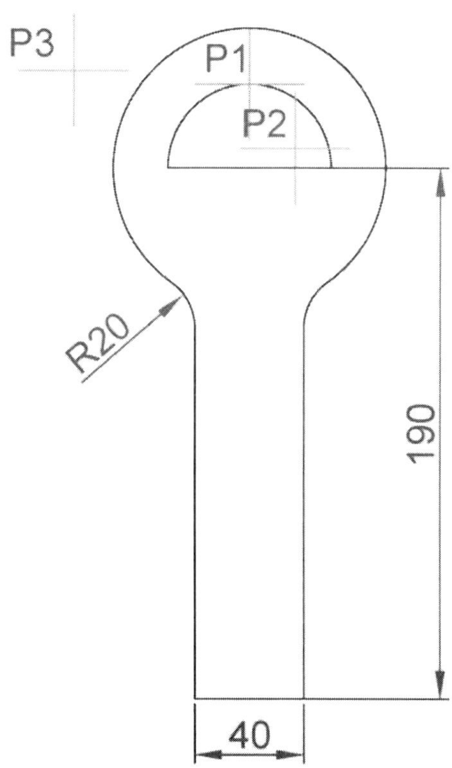

◐ P3 지정

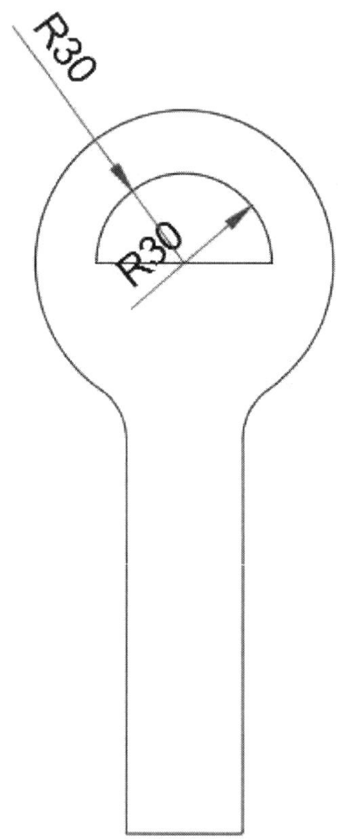

4) 호 치수 측정 따라 하기

☞ 호의 길이 치수를 작성한다.

☞ 호의 길이 치수 문자는 지름 기호와 같이 원이나 호 앞에 표시한다.

- 명령 : DIMARC / Enter↵
- 메뉴 : 치수 / 반지름 / 🖱

• 리본 : 주석 탭 〉 반지름 / 🖱

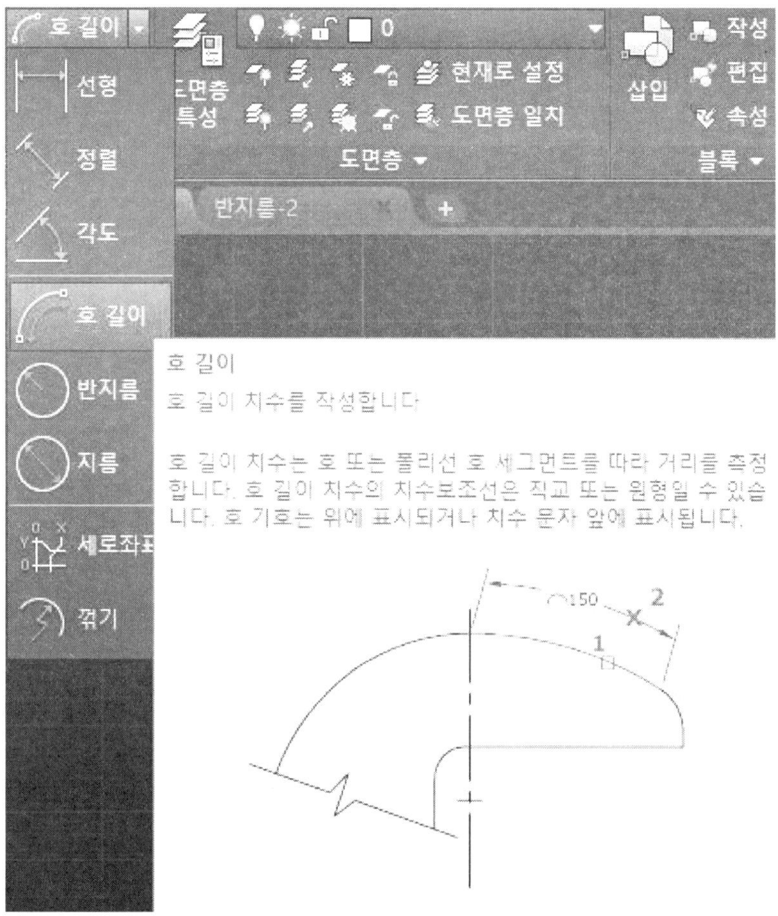

① 호 또는 폴리선 호 세그먼트 선택 :

② 호의 길이 치수 위치 지정 또는 [여러 줄 문자(M) 문자(T) 각도(A) 부분(P) 지시선(L)] : P2 or P3 click / 🖱

◐ P2 지정

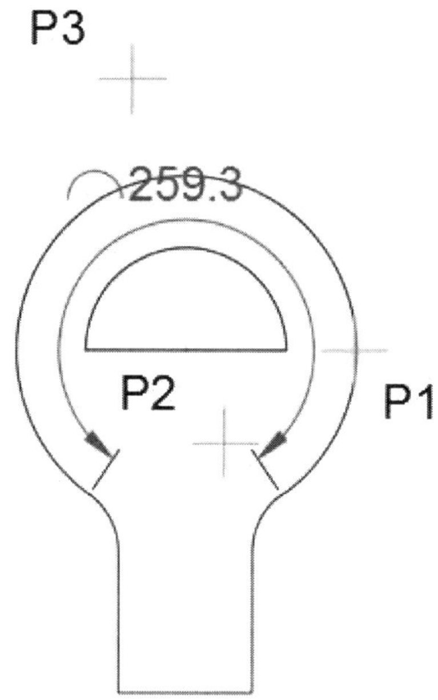

◐ P3 지정

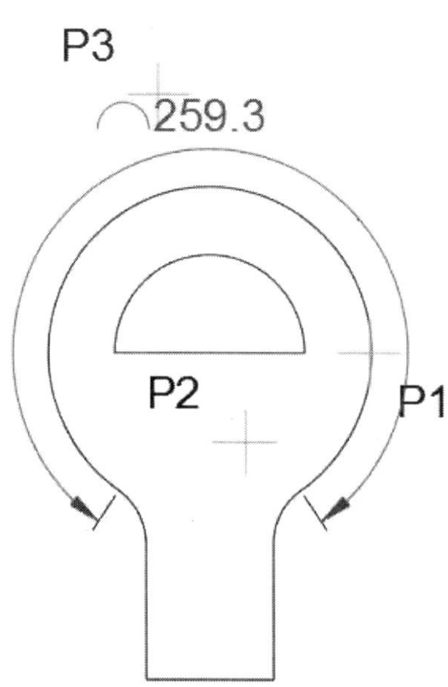

5) 지름 치수 측정 따라 하기

☞ 원의 지름 치수를 작성한다.

☞ 치수 문자는 지름 기호와 같이 원이나 호 앞에 표시한다.

- 명령 : DIMDIAMETER / Enter↵
- 메뉴 : 치수 / 지름 / 🖱
- 리본 : 주석 탭 / 지름 / 🖱

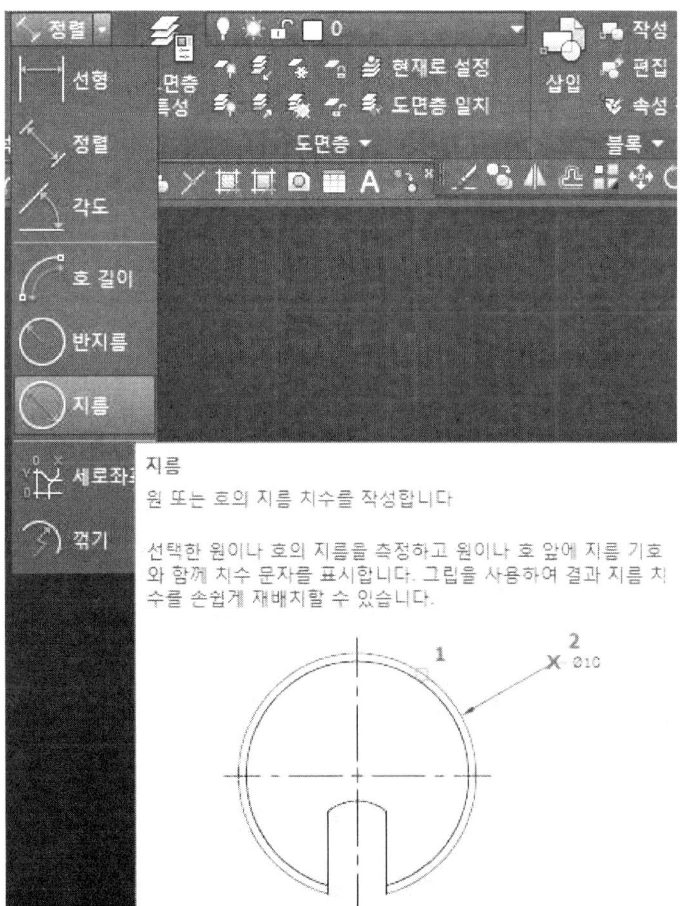

① DIMDIAMETER / Enter↵

② 호 또는 원 선택 : P1 click / 🖱

③ 치수선의 위치 지정 또는 [여러 줄 문자(M) 문자(T) 각도 (A)] : P2 or P3 click / 🖱

◐ P2 지정

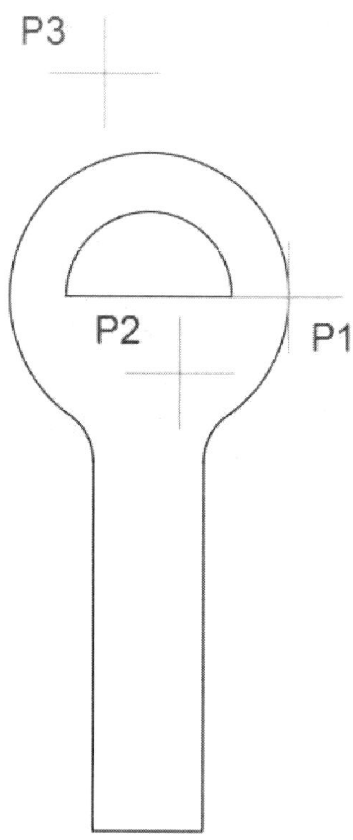

◐ P3 지정

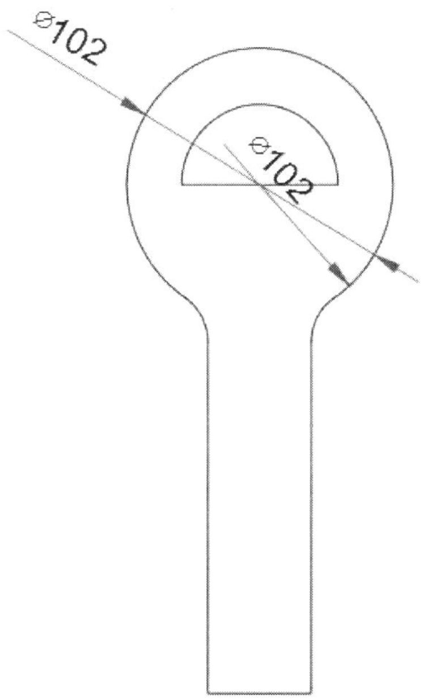

6) 각도 치수 측정

☞ 각도 치수를 작성한다.

☞ 선택한 객체 또는 3개 점 사이의 각도를 측정한다.

① DIMANGULAR / Enter↵

② 호, 원, 선을 선택하거나 <정점 지정> : P1 click /

③ 두 번째 선 선택 : P2 click /

치 호 선의 위치 지정 또는 [여러 줄 문자(M) 문자(T) 사 분점(Q)] : P3 or P4 click /

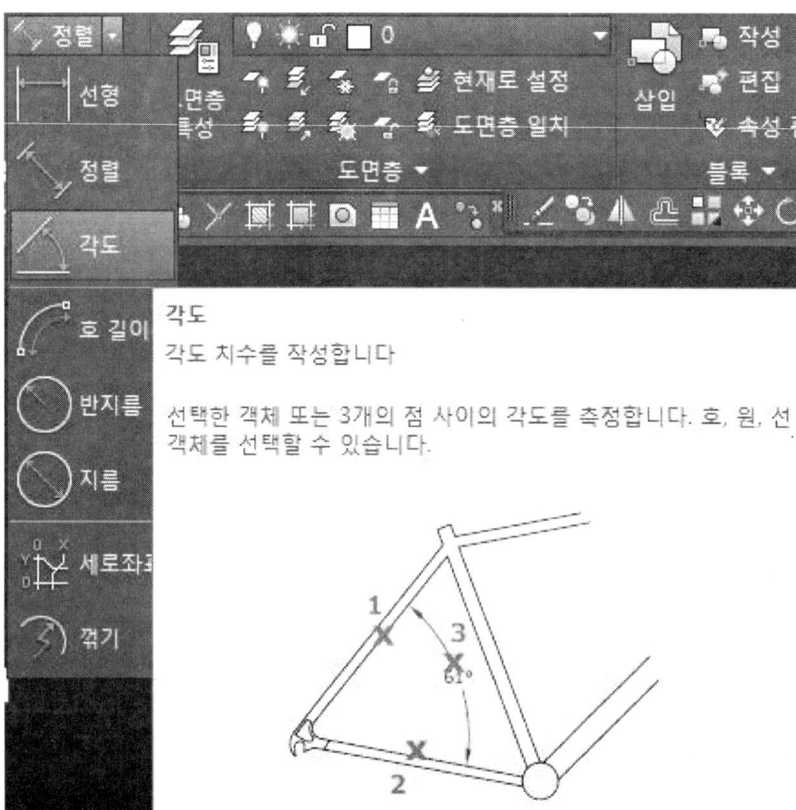

◐ P3 지정

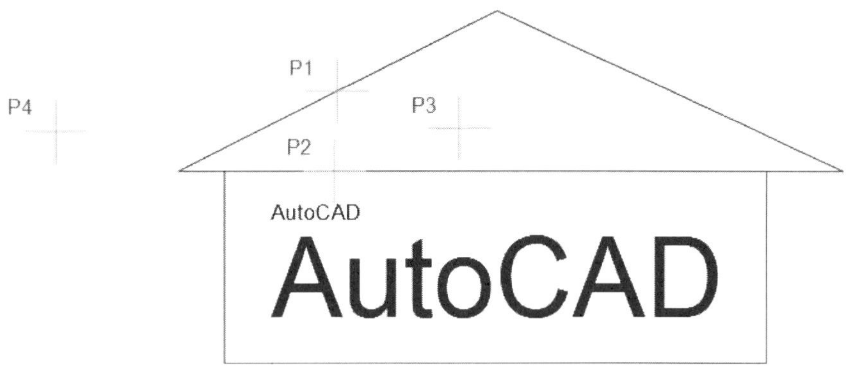

◐ P4 지정

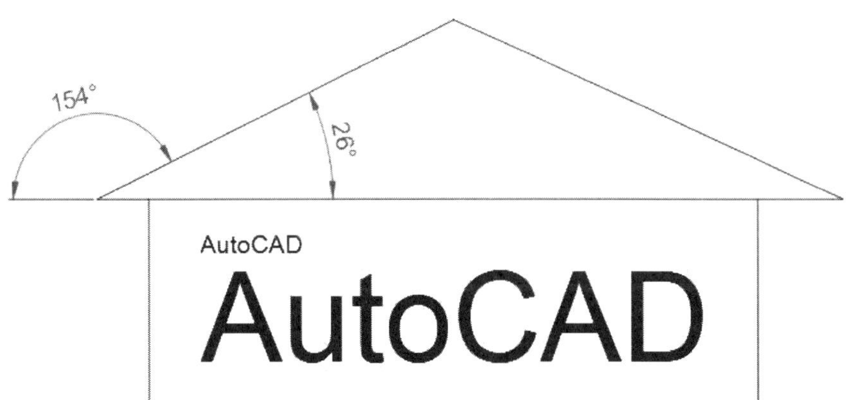

▼ 치수 입력하기

- DIMLIN, DIMALI, DIMRAD, DIMDIA, DIMANG
- 치수 스타일 – ISO-25, 화살표 – 5, 문자높이 – 10
- 문자 스타일 – standard, 글꼴 – Arial

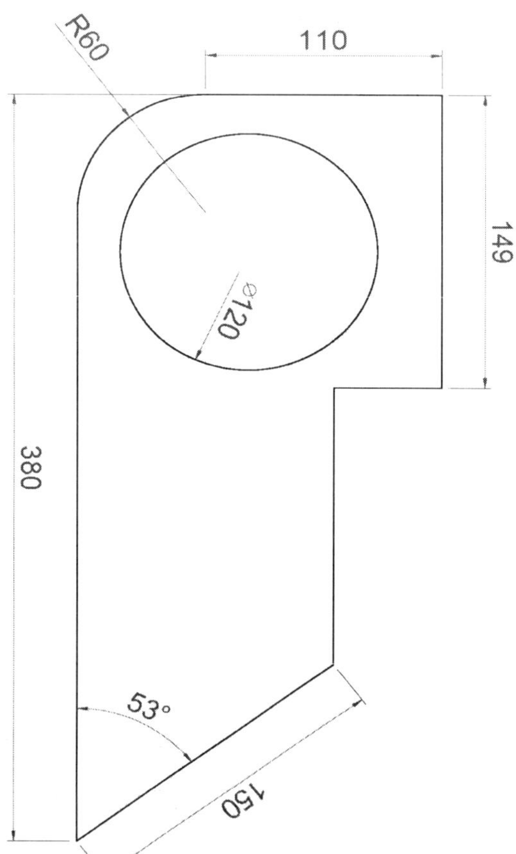

제 7 장

전기도면 실습 예제

▼ 전기 Symbol 그리기

- 도면설정 – A3 / limits [Enter↵] 오른쪽 위 <420,297> [Enter↵]
- Line, Trim, Circle, Arc, Rotate

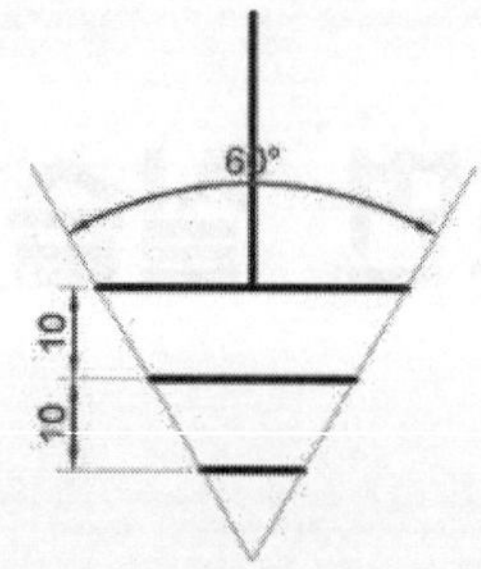

접지

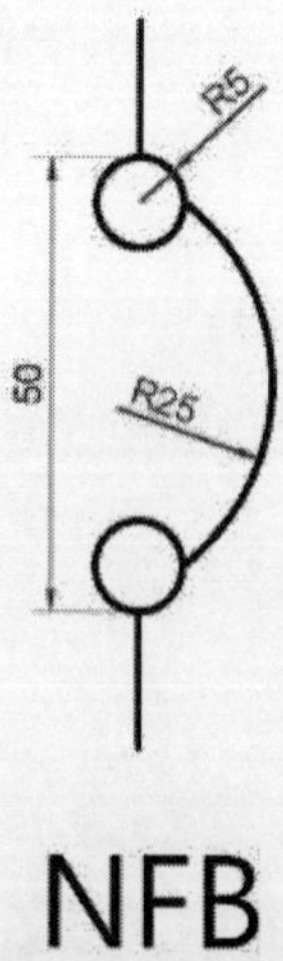

NFB

✎&✂ 메모와 출력한 것 붙이기

▼ Offset을 이용한 그리기

- 도면설정 – A3 / limits [Enter↵] 오른쪽 위 <420,297> [Enter↵]
- Line, Offset, Trim, Arc, Mirror

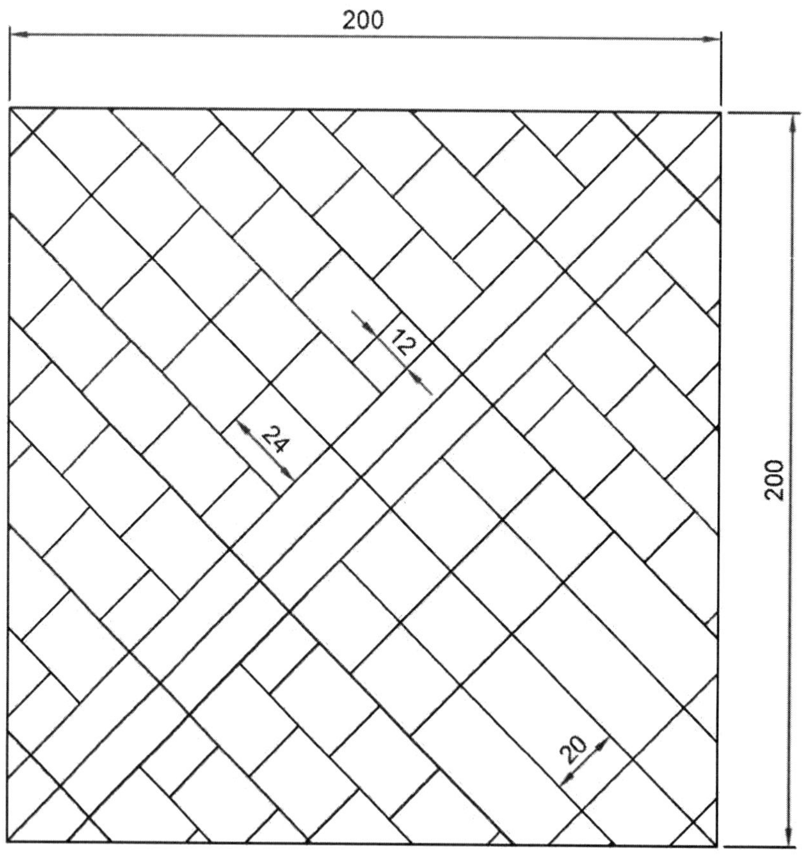

✐&✂ 메모와 출력한 것 붙이기

▼ 태극기 그리기

- 도면설정 – A3 / limits Enter↵ 오른쪽 위 <420,297> Enter↵
- Line, Offset, Trim, Circle, Arc, Rotate, Hatch

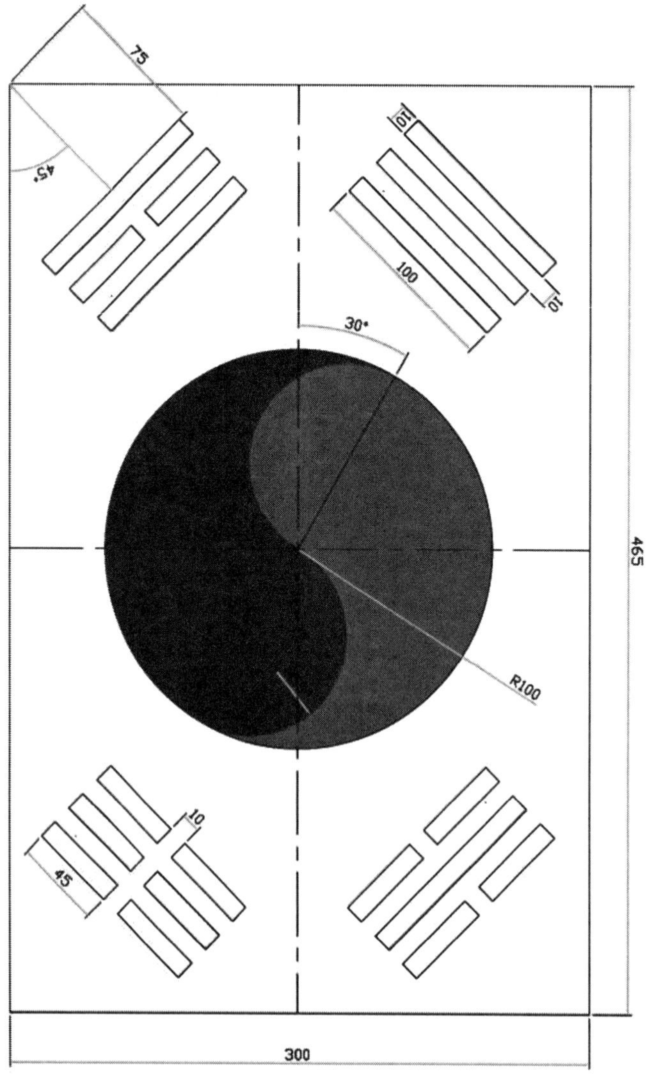

✎&✂ 메모와 출력한 것 붙이기

▼ 전기 Symbol 그리기

- 치수스타일 – ISO-25, 글꼴크기 – 5, 화살표 크기 - 5
- 문자스타일 – Standard, 글꼴 – 맑은고딕, 10
- Arc, Copy, Line

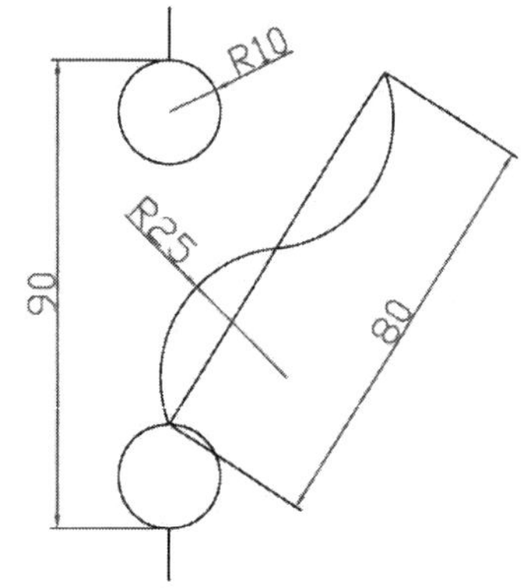

COS

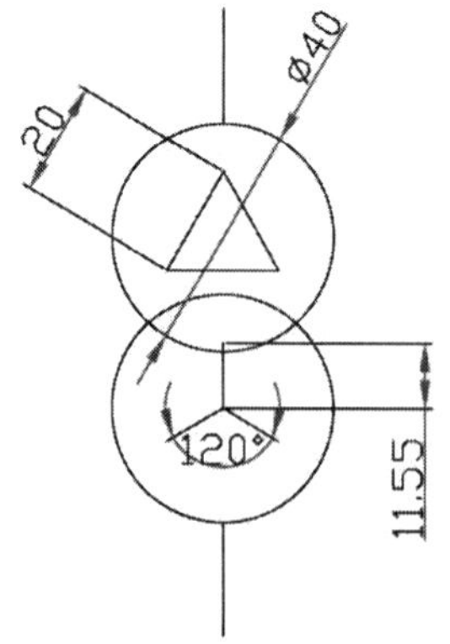

TR (변압기)

✎&✂ 메모와 출력한 것 붙이기

▼ 전기 Symbol 그리기

- 치수스타일 – ISO-25, 글꼴크기 – 5, 화살표 크기 - 5
- 문자스타일 – Standard, 글꼴 – 맑은고딕, 10
- Arc, Copy, Line

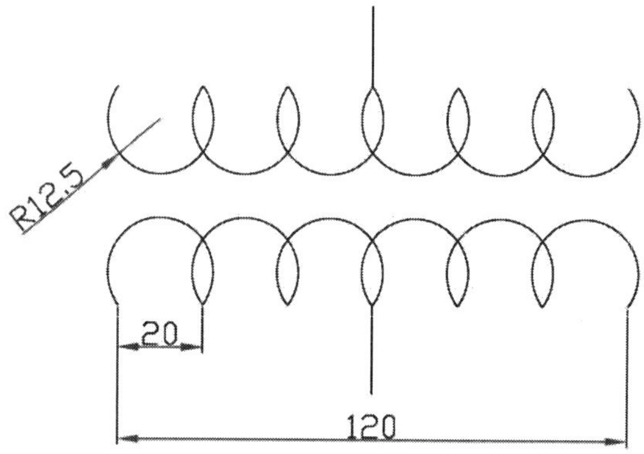

TR (변압기)

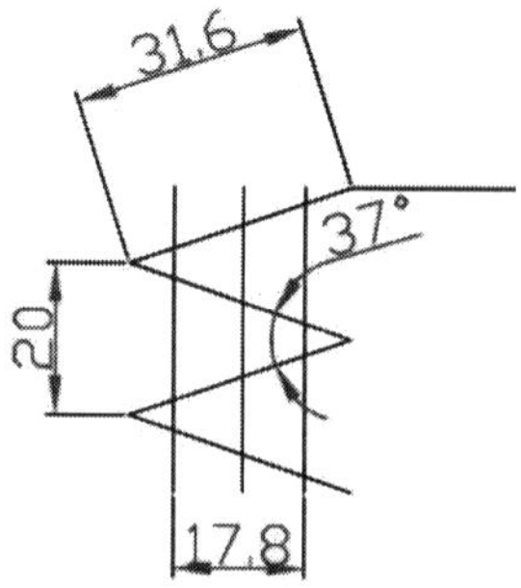

ZCT

✎&✂ 메모와 출력한 것 붙이기

▼ 전기 Symbol 그리기

- 치수스타일 – ISO-25, 글꼴크기 – 5, 화살표 크기 - 5
- 문자스타일 – Standard, 글꼴 – 맑은고딕, 10

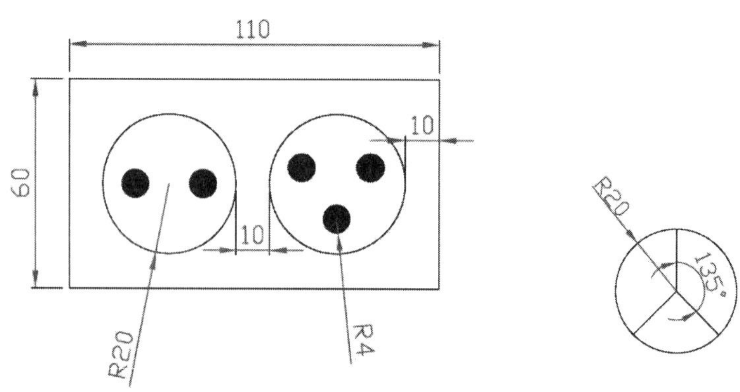

비상콘센트

AS(전류 절환기)

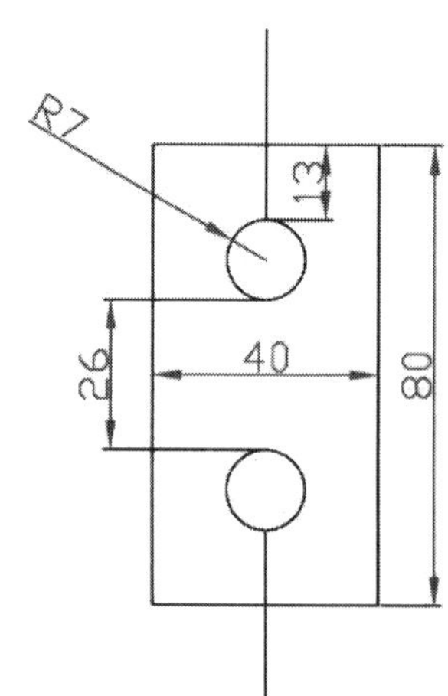

CB

✎&✂ 메모와 출력한 것 붙이기

▼ 전기 Symbol 그리기

- 치수스타일 – ISO-25, 글꼴크기 – 5, 화살표 크기 - 5
- 문자스타일 – Standard, 글꼴 – 맑은고딕, 10

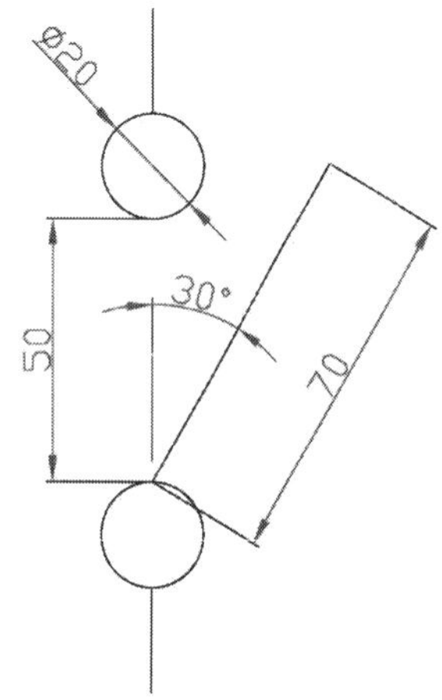

DS (단로기)

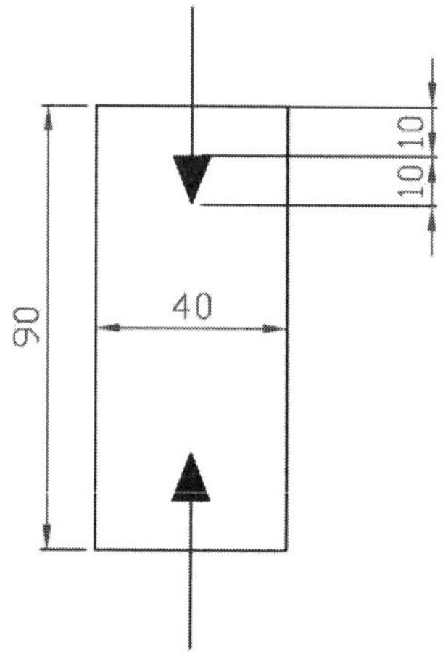

LA (피뢰기)

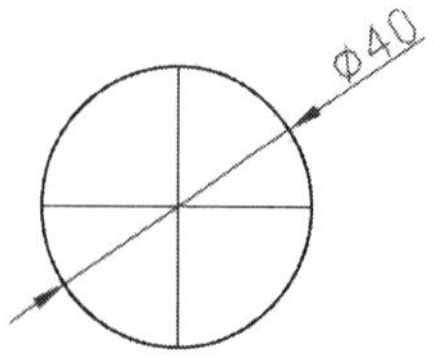

VS (전압절환기)

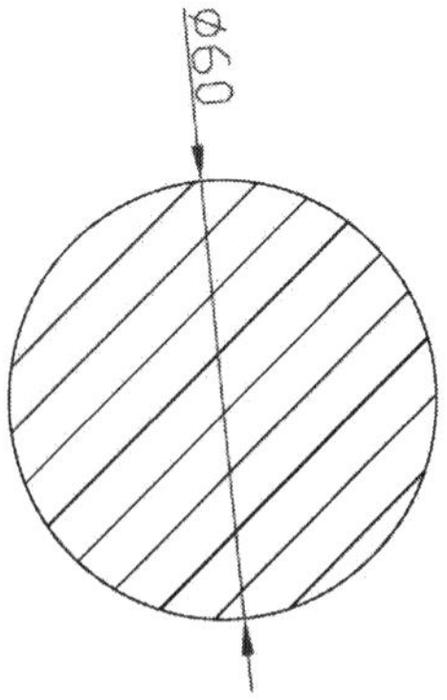

VVF

✎&✂ 메모와 출력한 것 붙이기

▼ 회로도 그리기

- 문자스타일 – standard, 글꼴 – txt.shx

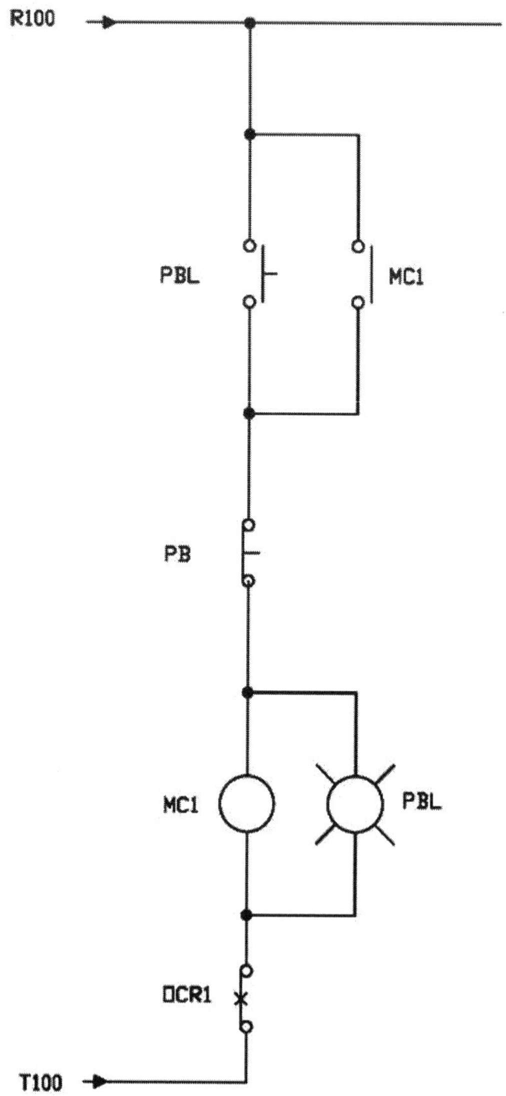

✎&✂ 메모와 출력한 것 붙이기

▼ 모터 제어 시퀀스 도면그리기

- 문자스타일 – standard, 글꼴 – Times New Roman
  크기 –15, 10, 5

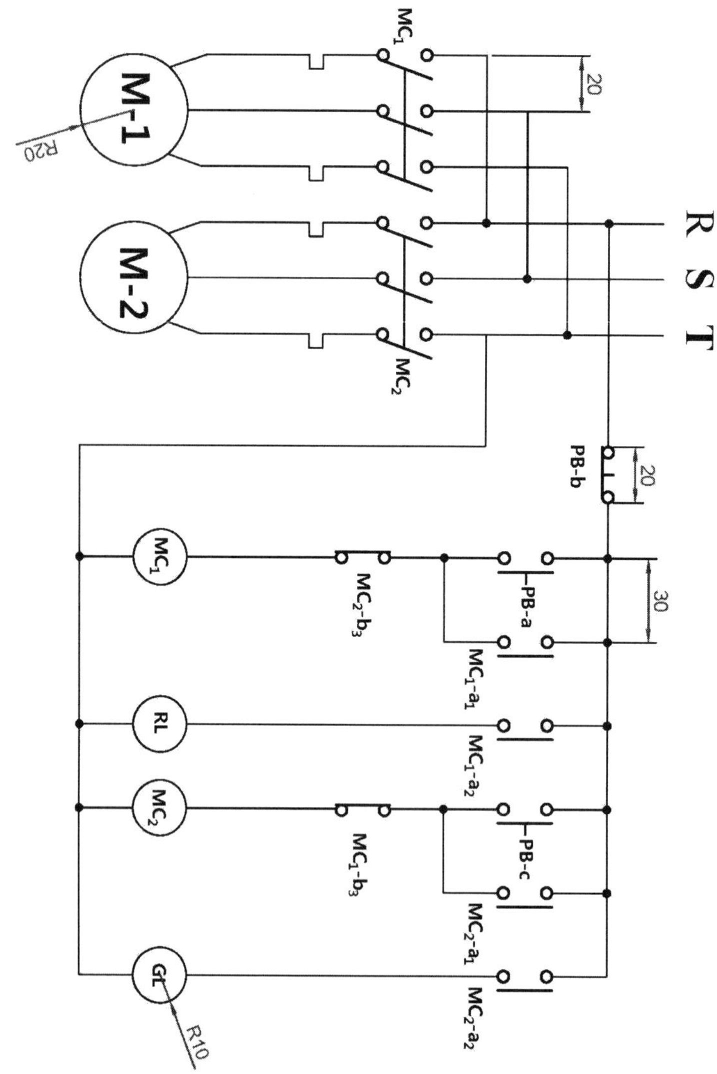

✐&✂ 메모와 출력한 것 붙이기

▼ 고압 수전설비 그리기

- 치수스타일 – ISO-25, 글꼴크기 – 4, 화살표 크기 -3

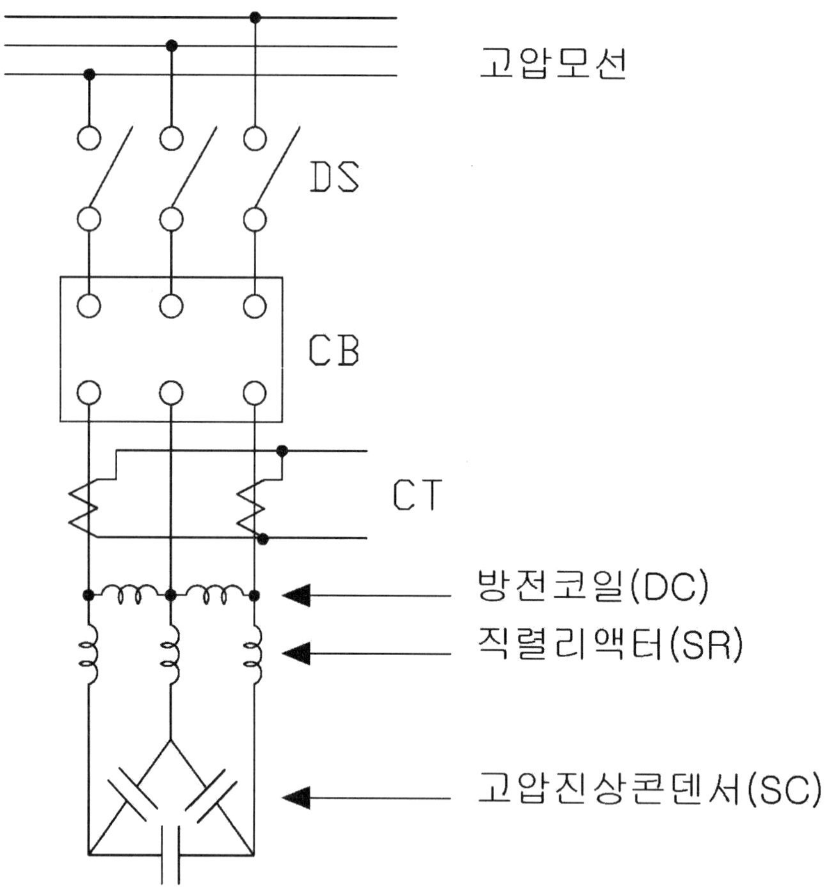

✎&✂ 메모와 출력한 것 붙이기

▼ 고압 수전설비 그리기

• 치수스타일 – ISO-25, 글꼴크기 – 4, 화살표 크기 -3

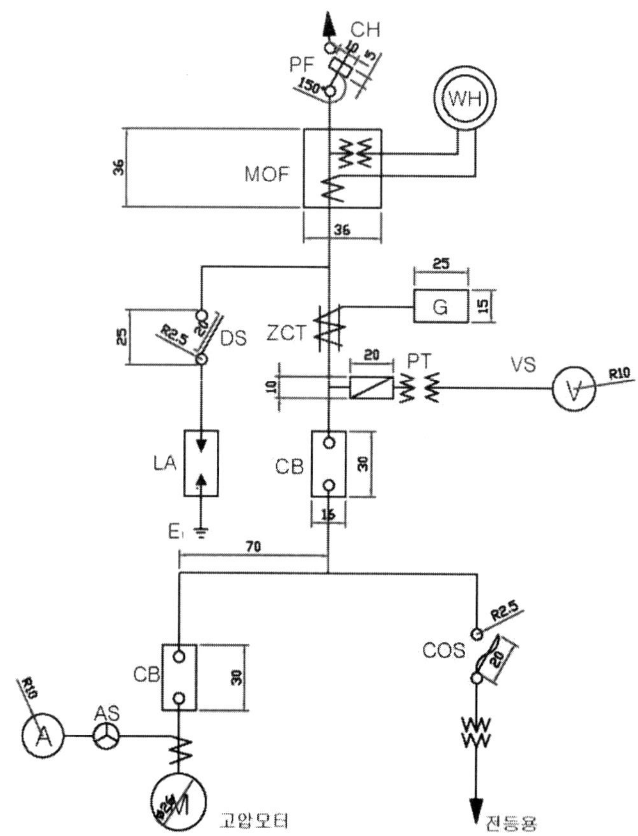

학 번	이 름

✎&✂ 메모와 출력한 것 붙이기

▼ 고압 수전설비 그리기

• 문자스타일 – standard, 글꼴 – txt.shx

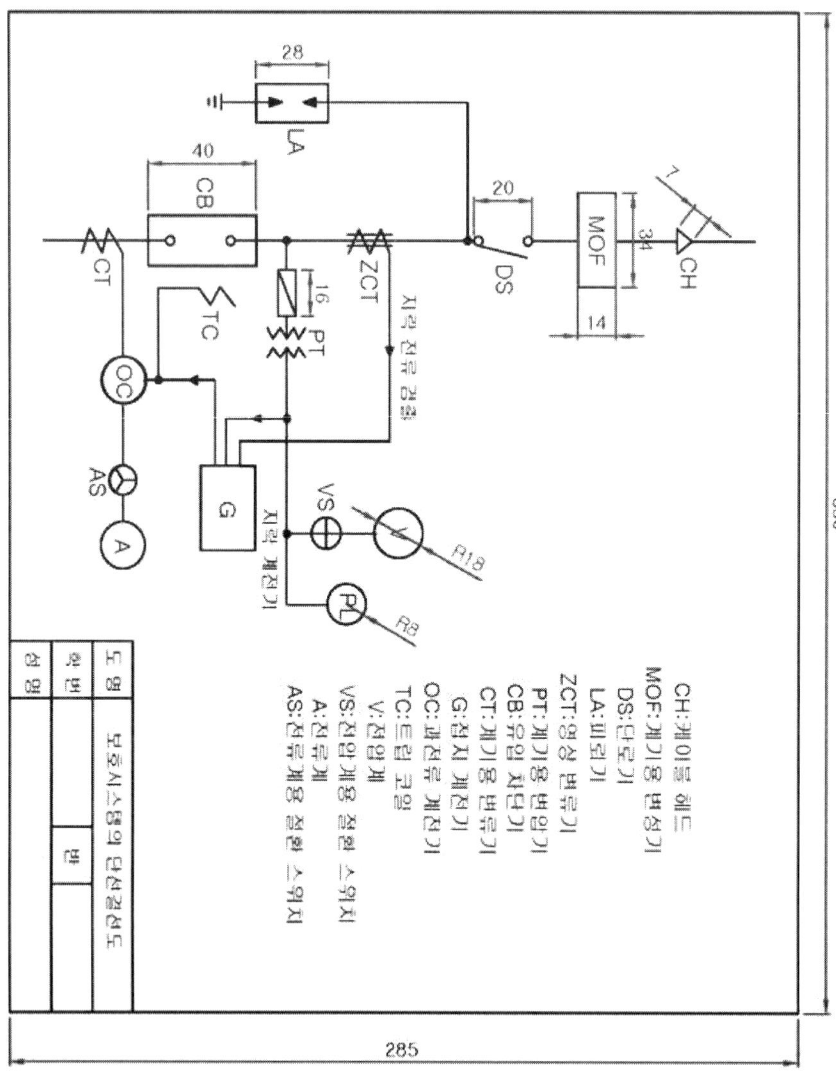

✎&✂ 메모와 출력한 것 붙이기

AutoCAD

2020년 10월 15일 1판 2쇄 발행

저 자 윤 현 상
발행인 남 승 우

발행처 도서출판 상尙 학學 당堂

서울특별시 동작구 사당로9가길 6
TEL : 02) 595-1692 ~ 4
FAX : 02) 595-1394
E-mail : namdoo6@unitel.co.kr
신고 : 2-155호 (1968. 11. 29)

정가 20,000원

ISBN 978-89-6587-175-0 93000